광야와 사막을 건너는 사람

KB192340

광야와 사막을 건너는 사람

지은이 유관재
펴낸이 김명식
펴낸곳 (주)넥서스

초판 1쇄 인쇄 2015년 2월 20일
초판 1쇄 발행 2015년 2월 25일

출판신고 1992년 4월 3일 제311-2002-2호
121-893 서울시 마포구 양화로 8길 24
Tel (02)330-5500 Fax (02)330-5555

ISBN 979-11-5752-275-0 03230

www.nexusbook.com
지혜의샘은 (주)넥서스의 기독 단행 브랜드입니다.

유관재 목사에게 배우는 사막을 건너는 법

광야와 사막을 건너는 사람

| 유관재 지음 |

지혜의샘

　유관재 목사는 따뜻한 목자입니다. 그에게는 온유한 미소가 떠나지 않습니다. 그러나 그는 동시에 모험하는 사람입니다. 몇 차례나 광야에 도전하는 여정에 올랐습니다.

　이 책《광야와 사막을 건너는 사람》은 광야에 대한 살아 있는 증언입니다. 이 책에서 광야 인생을 만납니다. 그 인생은 저자의 인생이자 우리의 인생입니다. 인생은 곧 광야 체험이며 광야 여정이라는 것입니다. 그리고 이 책은 그 광야를 지나가게 하는 나침반 같습니다.

　오늘의 세상엔 거센 사막화의 바람이 불고 있습니다. 세상은 더 건조하고 메말라 숨을 헐떡이게 합니다. 그래서 사막을 건너기 위한 특별한 예지와 인내가 필요합니다. 이 책은 더할 수 없이 적절한 그 안내서가 될 것입니다. 사막에 저녁이 내릴 때 우리는 오아시스에 도달할 것입니다.

　저는 사막 여행을, 광야 인생을 시작한 청년들이 이 책을 읽었으면 합니다. 사막 여행에 지친 중년들에게도 이 책은 비타민이 될 것입니다. 그러나 사막 여행의 마무리를 준비하는 분들에게도 큰 유익이 있을 것입니다. 길 없는 사막에는 사막을 먼저 통과한 선배의 충고보다 더 큰 지혜는 없습니다. 사막을 건너는 우리 모두에게 꼭 필요한 이 여행 안내서를 강추합니다.

　집으로 돌아올 때 우리 모두는 이 책을 들고 여행을 떠난 것을 감사하게 될 것입니다.

사막 여행의 동반 순례자 이 동 원 (지구촌교회 원로 목사)

작은 거인, 우둔한 천재, 다 아는 비밀, 지는 게 이기는 거다.

위와 같이 의미상 서로 양립할 수 없는 말을 함께 사용하여 상황을 강조하거나 독자의 관심을 끄는 수사법을 옥시모론(oxymoron)이라고 합니다. 우리말로 하면 '모순 형용법, 모순 어법'이라고 할 수 있지요. 저는 유관재 목사님의 글에서 이 옥시모론의 정수를 보았습니다.

목사님의 글은 영혼 깊숙이 감추어진 사악한 동기와 세속적 욕망을 여과 없이 드러냅니다. 그러나 희한하게도 원색적이거나 공격적이지 않습니다. 일반적으로 직설적 표현과 노골적 예리함은 따뜻한 형식 안에 담아내기가 거의 불가능합니다. 폴 워셔는 필립 얀시가 될 수 없는 이치라고 할까요? 그런데 이런 기이한 현상을 목사님의 글에서 볼 수 있습니다. 글은 작가 내면의 개성과 인격적 특징이 반영되어 나타납니다. 한 사람 안에 두 가지의 상반된 개성이 절묘한 자연스러움으로 나타나는 모습을 보기란 쉽지 않습니다. 그런데 우리 가까이에 이런 설교자이며 작가인 분이 계시는 것은 큰 복이 아닐 수 없습니다. 목사님은 훗날 자신의 비명(碑銘)을 이렇게 쓰고 싶다고 말씀하시더군요.

"하나님을 온몸으로 사랑했던 사람. 맡겨진 양 떼를 가슴 저리도록 사랑했던 사람."

얼마나 절절하고 애틋한 고백인지요. 이 책을 읽는 동안 여러분은 따뜻한 심장을 가진 목회자의 예리한 말씀의 칼에 영혼의 골수가 쪼개지는 것을 경험할 것입니다.

김 관 성 (덕은교회 담임 목사)

　　　　말씀을 묵상하던 어느 날, 성경 속에서 광야와 사막이 보이기 시작했습니다. 내가 마치 성경의 인물들과 함께 광야와 사막을 걷고 있는 것 같았습니다. 성경의 배경이 온통 광야와 사막이라는 것을 깨달으며 사건과 사람이 새롭게 보이고, 하나님의 마음과 심장이 제게 와 닿았습니다.

　상상하는 사막이 아니라 진짜 사막을 경험하고 싶었습니다. 세계 제일의 사막 '사하라'를 체험하기 위해 모로코의 에르푸드 사막을 찾았습니다. 비행기를 20시간 타고 카사블랑카에 내려 다시 차로 이틀을 달렸습니다. 모래산만 있는 사막을 보는 순간 숨이 멎을 것 같았습니다. 나를 기다리고 있었던 황홀한 사막을 만난 것입니다. 발목까지 빠지는 사막을 걷기도 하고 낙타도 타며 사막의 영성을 가슴에 담았습니다.

　추위, 더위, 모래바람, 목마름, 혼자, 태양, 별, 길이 없음, 오아시스….

　사막은 하나님의 말씀을 내 안에서 생명처럼 살아나게 했습니다. 주님의 심장을 가슴에 담을 수 있었습니다.

　광야와 사막을 생각하면 지금도 가슴이 뜁니다. 하나님을 갈망하는 마음이 더 뜨거워지기 때문입니다. 제가 사막에서 만난 하나님을 모두가 만났으면 하는 간절함을 이 책에 담았습니다. 모두의 가슴 속에 하나님의 마음과 심장이 새겨지길 기대합니다.

　여기까지 이른 제 순례는 하나님께서 주신 어머니 아버지의 사랑 덕분입니다. 이 책으로 저의 사랑을 두 분께 전하고 싶습니다.

유 관 재 목사

차례

Part 1
나침반

01

유목민이
되십시오

어느 날 성경을 읽다가 아브라함을 비롯한 믿음의 선배들의 삶 속에는 광야와 사막이 있다는 것을 깨닫게 됐습니다. 그래서 "광야와 사막을 건너간 믿음의 영웅들"의 이야기를 해보고 싶었습니다. 그런데 더 깊은 연구와 묵상을 통해 이 이야기가 그들만의 것이 아니라 오늘을 살아가는 우리의 이야기이기에 책 제목을 《광야와 사막을 건너는 사람》으로 바꿨습니다. 믿음의 선배들처럼 우리도 광야와 사막을 건너는 사람들이기 때문입니다.

오늘날 '문화'라는 단어는 여러 용도로 사용되고 있습니다. 일반적으로 '문화'는 같은 생각이나 행동 양식을 가진 집단이나 지역을 이야기할 때 사용됩니다. 청소년 문화, 노인 문화와 같이 세대를 구분하거나 지중해 문화, 아시아 문화처럼 지역을 이야기할 때도 문화라는 말을 사용합니다. 바로크 문화, 르네상스 문화와 같이 시대를 나눌 때도 사용합니다. 이처럼 문화는 다양한 곳에서 사용되고 있습니다.

그런데 인류 역사를 살필 때 문화의 범주는 크게 두 가지 물줄기로 내려왔다고 할 수 있습니다. 첫 번째는 정착 문화로 일컬어지는 '농경 문화'입니다. 두 번째는 항상 이동하는 '유목 문화'입니다. 다시 말하면 모든 세대와 사람을 농경 문화인가 아니면 유목 문화인가로 나눌 수 있는 것입니다. 근래에 '신(新) 유목 문화'라는 말이 자주 등장합니다. 이 시대의 특징이 새로운 유목 문화라며, 신유목민이 되라고 이야기합니다. 현대 사회는 계속 이동합니다. 뉴욕과 파리에서 일어나는 일들을 내가 있는 자리에서 동시에 경험할 수도 있습니다. 이제는 사는 위치가 중요한 것이 아니라 어떤 생각과 마인드를 가지고 있느냐가 중요한 시대입니다.

농경 문화와 유목 문화

유목 문화와 농경 문화를 머릿속에 다시 한 번 정리해 보십시오. 농경 문화는 농사를 지어야 하기 때문에 공간, 즉 땅이 중요합니다. 그러나 상대적으로 유목 문화에서 공간은 그다지 중요하지 않습니다. 시간과 때가 가장 중요합니다. 이들은 하루의 시간과 계절을 생각하고 미리 준비해야 합니다. 시간을 놓치면 큰일이 납니다.

농경 문화는 정착 문화이기 때문에 소유에 집착합니다. 내가 얼마나 많은 것을 갖느냐가 최대 관심사입니다. 그러나 유목 문화는 소유에 대한 집착이 적습니다. 이 사람들은 계속 이동해야 하는데 많이 가지고 있으면 불편한 것입니다. 그리고 너무 많이 가지고 있으면 자신의 목숨이 위태로울 때가 많습니다. 할 수 있는 한 간편한 것이 좋은 것입니다. 따라서 소유에 대한 집착이 적습니다.

어느 나라든 농경 문화는 왕을 중심으로 중앙 집권 체제가 만들어집니다. 그런데 유목 문화는 훨씬 더 민주적입니다. 종속적인 것보다는 평등성과 개별성을 굉장히 중요하게 여깁니다. 농경 문화는 폐쇄적입니다. 담을 쌓습니다. 땅에 금을 긋고, 소유와 권리를 주장합니다. 그러나 유목 문화는 그렇지 않습니다. 개방적이고 누구에게나 열려 있습니다.

농경 문화는 인간의 힘으로 자연의 한계를 조금이나마 극복할 수 있습니다. 댐이나 저수지를 만들어 가뭄에 대비할 수 있는 것입니다. 문제는 그런 문화에서 사는 사람들은 인간의 지혜와 지식으로 어려움을 극복할 수 있다고 생각하는 것입니다. 그래서 농경 문화에서는 인본주의나 무신론이 사람들의 마음을 사로잡습니다. 그리고 성경에 있는 것처럼 자꾸 더 크고, 더 높은 바벨탑을 쌓습니다. 그러나 유목민은 자연 앞에서 자기 자신이 얼마나 무력한 존재인지를 깨닫습니다. 이 세상의 창조자인 하나님의 존재를 훨씬 더 깊이 생각하는 것입니다. 그래서 유목 문화는 신본주의 중심입니다. 유목 문화와 농경 문화는 이처럼 다릅니다.

성경에 나오는 믿음의 선배들은 모두 유목 문화에 속했습니다.

[31]요셉이 그의 형들과 아버지의 가족에게 이르되 내가 올라가서 바로에게 아뢰

어 이르기를 가나안 땅에 있던 내 형들과 내 아버지의 가족이 내게로 왔는데 [32]그들은 목자들이라 목축하는 사람들이므로 그들의 양과 소와 모든 소유를 이끌고 왔나이다 하리니 [33]바로가 당신들을 불러서 너희의 직업이 무엇이냐 묻거든 [34]당신들은 이르기를 주의 종들은 어렸을 때부터 지금까지 목축하는 자들이온데 우리와 우리 선조가 다 그러하니이다 하소서 애굽 사람은 다 목축을 가증히 여기나니 당신들이 고센 땅에 살게 되리이다 _ 창 46:31~34

요셉이 형들에 의해 미디안 상인에 팔려 이집트(애굽)에 왔습니다. 여러 사건을 거치며 요셉은 애굽의 총리가 됩니다. 정치를 잘해서 풍년 때 많이 저장하여 두었다가 가뭄 때 사용할 수 있게 했습니다. 먹을 것을 얻기 위해 요셉의 형들이 아버지인 야곱과 함께 애굽으로 왔습니다. 그때 요셉이 형들에게 이야기합니다. "바로가 불러서 직업을 묻거든 목자라고 하십시오!" 왜 목자라 이야기하라고 했을까요? 목자는 애굽 사람과 소유로 다툴 일이 없기 때문입니다. 그러니 호의를 베풀어 목축에 적합한 땅을 얻게 될 것이라는 생각입니다.

정착 문화에 살던 사람들은 계속 어떤 것을 만들고, 소유하고, 축적하기 때문에 유목 문화에 비해서 자기들이 상대적으로 우월하다고 생각합니다. 그래서 성경에는 애굽 사람이 목축을 "가증히 여긴다"고 말합니다. 정착민들은 유목민들을 한 수 아래로 봤던 것입니다.

그런데 놀라운 사실은, 세상의 사람들이 한 수 아래로 봤던 유목민들을 하나님께서 선택하셨다는 것입니다. 하나님의 구속 역사에 그들을 부르시고, 그들을 통해서 하나님이 누구신지, 우리가 어떻게 구원을 얻게 되는지를 알게 하신 것입니다.

유목민들은 소유에 얽매이지 않습니다. 이동을 위해 집착을 포기합니다. 개방적이고 소통할 줄 압니다. 종속성보다 평등성, 개별성을 강조합니다. 무엇보다 하나님을 바라봅니다.

요셉의 후손들이 애굽에서 강성하기 시작했습니다. 그들이 잘되고 번성하자 애굽 사람들은 이스라엘 백성이 자신들의 땅을 정복하고 반란을 일으킬까 두려워서 박해하기 시작합니다. 그 무렵 태어난 사람이 모세입니다. 모세는 잘 아시는 대로, 바로의 왕궁에서 자랐습니다. 모세는 왕궁에서 농경 문화에서 배워야 할 모든 지식과 지혜를 교육받았습니다. 그런 와중에 하나님께서 자신을 부르셨다는 것을 깨달았습니다. 내 조국을 위해 뭔가를 해야 한다는 것을 알았습니다.

그래서 〈출애굽기〉 2장에 보면 자신의 사명과 꿈을 따라 자기 동족인 히브리 민족이 있는 곳에 갑니다. 거기에서 뭔가를 하려고 했습니다. 하지만 실패했습니다. 사람을 죽인 것입니다. 실패한 이유가 무엇일까요? 농경 문화는 자신의 지혜와 지식으로 계산을 합니다. 〈출애굽기〉 2장 12절에 보면 그가 좌우를 살폈다(이쪽저쪽을 보았다)고 기록합니다. 영어 성경은 "He looked this way and that way"(KJV)라고 이야기합니다. 이쪽저쪽을 다 봤습니다. 사람을 보고, 환경을 보고, 주변을 보며 열심히 계산했습니다. 그런데 결국 사람을 죽이고 말았습니다. 모세는 결국 도망자가 됩니다.

광야를 통해서 그의 인생이 180도 바뀌었습니다. 농경 문화를 배웠던 그가 한 번도 해본 적이 없던 양 치는 일을 하고 있습니다. 광야 40년 동안 그는 유목 문화가 무엇인지를 배웠습니다. "아! 내 지식으로 안 되는

구나! 내 계산으로 안 되는구나! 내 능력으로 안 되는구나! 내 지혜로 안 되는구나!"를 철저하게 광야와 사막에서 경험한 것입니다. 40년 동안 자신의 무력함을 경험하고 하나님만을 바라보는 인생으로 훈련받습니다.

유목민들은 소유에 얽매이지 않습니다. 이동을 위해 집착을 포기합니다. 개방적이고 소통할 줄 알며, 평등성, 개별성을 강조합니다. 무엇보다 중요한 것은 하나님을 바라본다는 것입니다. 그런 사람들이 바로 유목민입니다.

하나님께서는 광야와 사막 같은 인생을 걸어가는 우리를 향해 '영적인 유목민'이 되라고 말씀하십니다. 우리는 앞뒤 좌우 동서남북을 바라보며 사람과 환경을 이렇게 저렇게 계산하고 따지면서 인생을 살고 있습니다. 그런 우리에게 하나님은 말씀하십니다.

"아니다! 거기서 눈을 떼서 나를 갈망해야 하지 않겠느냐?"

🍃 유목민 다윗의 아름다운 고백

저는 〈시편〉 23편을 읽을 때마다 많은 감동을 받습니다. 어떻게 이런 멋진 시로 하나님을 찬양하며 그의 삶을 표현할 수 있을까요?

> [1]여호와는 나의 목자시니 내게 부족함이 없으리로다 [2]그가 나를 푸른 풀밭에 누이시며 쉴 만한 물 가로 인도하시는도다 [3]내 영혼을 소생시키시고 자기 이름을 위하여 의의 길로 인도하시는도다 [4]내가 사망의 음침한 골짜기로 다닐지라도 해를 두려워하지 않을 것은 주께서 나와 함께하심이라 주의 지팡이와 막대기가 나

를 안위하시나이다 [5]주께서 내 원수의 목전에서 내게 상을 차려 주시고 기름을 내 머리에 부으셨으니 내 잔이 넘치나이다 [6]내 평생에 선하심과 인자하심이 반드시 나를 따르리니 내가 여호와의 집에 영원히 살리로다

얼마나 아름다운 고백입니까? 한 절씩 다시 읽으며 시편 기자의 고백을 따라가 보겠습니다.

여호와는 나의 목사시니 내게 부족함이 없으리로다

"주님만이 나의 모든 것을 채워 주십니다. 주님만이 나의 만족입니다. 주님만이 나의 인생에 자유를 주시는 분입니다."

물고기는 물에 있을 때 자유합니다. 물 밖으로 나올 때부터 문제가 생깁니다. 새는 하늘에 있을 때 자유롭습니다. 그와 같이 우리는 하나님 안에 있을 때 자유로운 것입니다. 참 만족을 얻을 수 있고 우리의 삶을 누릴 수 있습니다.

"하나님! 주님께서 내 목자십니다. 주님 안에 있을 때 내가 부족함이 없고 안식을 누립니다. 하나님께서 내 인생에 멋진 것을 주실 것을 믿습니다."

그가 나를 푸른 풀밭에 누이시며 쉴 만한 물 가로 인도하시는도다

"하나님이 나의 필요를 채워 주십니다. 나의 의식주 문제를 비롯해

내 삶의 모든 것을 채우십니다. 만나와 메추라기와 샘물까지, 광야에서 필요한 모든 것을 채우십니다. 그러니 이제 나는 소유에 집착하는 인생을 살지 않겠습니다!"

이러한 고백이 바로 2절의 고백입니다.

"주님 따라가면 내가 걱정할 것이 없습니다. 내 필요를 채워 주십니다. 나에게 있어야 할 것을 주십니다."

　　내 영혼을 소생시키시고 자기 이름을 위하여 의의 길로 인도하시는도다

"내 영혼을 소생시키는 분, 내 마음을 만지고, 나를 위로하고 치료하시는 하나님. 아무도 이해하지 못하는 외로움과 고통으로 힘들어하는 내 마음을 아시는 하나님. 광야와 사막 같은 인생을 사는 동안 내 삶을 소생시키는 분이 하나님이십니다!"

　　내가 사망의 음침한 골짜기로 다닐지라도 해를 두려워하지 않을 것은 주께서 나
　　와 함께하심이라 주의 지팡이와 막대기가 나를 안위하시나이다

현대를 살아가는 우리는 100년, 200년, 300년 전보다 두려워하고 염려할 것이 훨씬 많습니다. 문명이 발전할수록 염려할 것들이 더 생깁니다. 자동차 사고나 비행기 사고, 가스 폭발, 화재 등 오만 가지 염려와 두려움을 주는 세상에서 우리가 살고 있는 것입니다. 예전에 비해 더 많은 사람이 자살합니다. 그만큼 살기 힘들어졌다는 것입니다.

두려움과 염려를 경험하면서 살아갈 수밖에 없는 이 땅의 삶이지만, 사망의 음침한 골짜기로 다닐지라도 해를 두려워하지 않을 것은 주께서 나와 함께하시기 때문입니다. 주님께서 나를 붙잡아 주시고 지켜 주셔서 두렵지 않습니다. 염려하지 않습니다. 비록 내가 사망의 음침한 골짜기를 걸어가면서 '이러다 죽는 게 아닌가' 하는 상황에 처하지만 하나님은 나의 두려움과 염려를 포기하게 만드십니다.

> 주께서 내 원수의 목전에서 내게 상을 차려 주시고 기름을 내 머리에 부으셨으니 내 잔이 넘치나이다

우리는 종종 실패합니다. 다 해 봤는데 안 됩니다. 그런 나를 조롱하는 원수 같은 사람들이 많습니다. 그런데 그 원수들 앞에서 상을 차려 주시는 하나님을 시편 기자는 찬양합니다. 우리 인생이 전부 실패한 거 같지만, 다 끝난 거 같지만 다시 역전의 드라마를 만들어 주시는 분이 바로 우리 하나님이십니다. 다 끝난 것 같습니다. 혼자인 것 같습니다. 아무것도 없는 것 같습니다. 완전한 실패입니다. 그런데 하나님께서는 조롱하는 원수들 앞에서 우리에게 상을 차려 주심으로 역전의 드라마를 연출하신다는 것입니다. 그러면서 다윗은 마지막 6절에서 "내가 주님 집에서 살겠습니다"라고 고백합니다.

> 내 평생에 선하심과 인자하심이 반드시 나를 따르리니 내가 여호와의 집에 영원히 살리로다

언젠가 설문 조사를 했는데 청소년 때 가졌던 꿈 중에 가장 높은 퍼센트를 차지한 것은 바로 '가출'입니다. 속박에서, 엄마의 잔소리에서 벗어나겠다는 것이 꿈입니다. 하지만 막상 가출하면 생활이 얼마나 힘든 일인지 압니다. 돈 벌다가 인격적인 모독 등 별꼴을 다 당합니다. 그래서 가출해 본 아이들이 나중에는 "가출하면 고생이다. 절대로 하지 마라" 하고 뜯어 말립니다. 6절의 고백은 바로 "하나님 나 가출하지 않겠습니다" 하는 것입니다. 앞서 말씀 드린 것처럼 물고기는 물 안에 있을 때, 새는 하늘에 있을 때 자유하듯이 우리는 하나님 안에 있을 때 자유와 평강과 능력을 누리며 인생을 멋지게 살게 됩니다.

이 아름다운 유목민 순례자의 고백은 결국 "무조건 주님만 따르겠습니다, 주님만 갈망합니다" 하는 것입니다. 이 시를 지은 다윗은 목자였기 때문에 광야와 사막에서 목자의 역할이 얼마나 중요한지 압니다.

"주님! 양들이 목자 따라가듯이 저는 계산하지 않고 무조건 주님을 따르겠습니다. 나의 계산으로는, 양들의 계산으로는 저 너머에 있는 것을 모르지만, 주님은 그 너머까지 다 아시고 나를 인도하시니 무조건 하나님을 갈망하며 따라가겠습니다!"

🍃 광야와 사막의 영성

광야와 사막의 영성은 동서남북을 바라보며 계산하지 않고 하나님을 먼저 갈망하는 것입니다. 이를 '거룩한 갈망'이라 말할 수 있습니다. "하

"어떻게 해야 높게 세우고 많이 가질까? 어떻게 금을 그어야 유리할까?" 하는 생각에서 벗어나야 합니다. 먼저 하나님을 바라보고 갈망할 때, 삶에서 만나는 모든 상황을 어떻게 헤쳐 나갈지 지혜를 주십니다. 능력을, 새 힘을 주십니다.

나님! 이 광야와 같은 인생을 살아가며 다른 것 바라보지 않고 하나님만을 갈망합니다. 하나님만을 바라봅니다. 하나님께 내 눈동자와 시선을 고정합니다. 주님만을 소망합니다" 하는 것입니다. 이것이 바로 '광야와 사막의 영성'입니다. 정착 문화에서는 내가 주변을 계산합니다. 그러나 유목 문화는 주변을 계산하기 전에 하나님을 바라봅니다. 갈망하고 앙망하는 것입니다. 〈이사야서〉는 약속합니다.

> 오직 여호와를 앙망하는 자는 새 힘을 얻으리니 독수리가 날개치며 올라감 같을 것이요 달음박질하여도 곤비하지 아니하겠고 걸어가도 피곤하지 아니하리로다_사 40:31

여호와를 앙망할 때 하나님께서 우리에게 독수리가 날개 치며 올라가는 것과 같이 새 힘을 주십니다. 광야와 사막을 걷는 것은 너무 힘든 일입니다. 특히 무릎까지 모래에 빠지는 사막의 언덕을 올라가는 일은 무척 힘들어서 금방 탈진합니다. 그런데 우리 인생도 내가 뭔가를 해보려고 열심히 오르지만 금방 탈진하여 힘을 소진하는 경우가 많습니다.

그러나 우리가 하나님을 바라볼 때 달음박질해도 곤비하지 않고 걸어가도 피곤하지 않습니다. 광야와 사막을 걸으면서 한 걸음 한 걸음 걸을 때마다 모래에 빠져 헉헉대는 인생에게 하나님은 다시 새 힘과 권능을 주시는 것입니다. 피곤하지 않게 하시는 하나님을 우리 인생에서 경험할 수 있습니다.

> ¹광야와 메마른 땅이 기뻐하며 사막이 백합화 같이 피어 즐거워하며 ²무성하게 피어 기쁜 노래로 즐거워하며 레바논의 영광과 갈멜과 사론의 아름다움을 얻을 것이라 그것들이 여호와의 영광 곧 우리 하나님의 아름다움을 보리로다 ³너희는 약한 손을 강하게 하며 떨리는 무릎을 굳게 하며 ⁴겁내는 자들에게 이르기를 굳세어라, 두려워하지 말라, 보라 너희 하나님이 오사 보복하시며 갚아 주실 것이라 하나님이 오사 너희를 구하시리라 하라 ⁵그때에 맹인의 눈이 밝을 것이며 못 듣는 사람의 귀가 열릴 것이며 _ 사 35:1~5

우리가 걷는 광야와 메마른 땅이 기뻐하며 사막이 백합화처럼 핀다고 합니다. 맹인의 눈이 밝을 것이며 못 듣는 사람의 귀가 열린다고 합니다. 6절 이하를 보면 광야에서 샘물이 나고, 대로를 경험한다고 합니다. 우리가 하나님을 갈망할 때 마침내 우리의 상상과 생각을 뛰어넘는 기적과 능력, 하나님의 역사를 우리에게 보여 주신다는 것입니다.

문제는 우리가 정착 문화 속에서 "어떻게 해야 높게 세우고 많이 가질까? 어떻게 금을 그어야 유리할까?"를 생각하고 추구하며 산다는 것입니다. 이런 생각에서 벗어나야 합니다. 내 생각, 내 지혜로 뭔가를 하려는 것을 포기하고 먼저 하나님을 바라보고 갈망할 때, 주님께서 지혜를 주십니다. 삶에서 만나는 모든 상황을 어떻게 헤쳐 나갈지 지혜를 주십니다. 능력을, 새 힘을 주십니다. 소진되고 피곤한 우리 인생길을 피곤하지 않게 하시는 하나님의 선물, 새 능력과 새 힘을 경험하는 것입니다. 우리의 앞길에 하나님의 샘물을, 시온의 대로를 열어 주십니다.

사막에서 샘물을 얻으면 그곳은 새로운 생명력이 솟아나는 옥토가 됩니다. 기적이 일어나는 것입니다. 하나님을 앙망할 때 우리는 만나와 메추라기, 불기둥과 구름 기둥을 경험하게 됩니다. 내가 어떻게 가야 할지 알게 하시고, 나의 필요를 채우시며, 사막 같은 내 삶에 샘물이 터지게 하셔서 생명력 있는 삶을 살도록 만들어 주십니다. 그러므로 먼저 주님을 갈망해야 합니다. 주님을 바라보는 것, 주님만을 소망하는 것, 주님만을 희망하는 것입니다. 이러한 광야의 영성, 사막의 영성을 회복하는 우리 모두가 되기를 소망합니다.

🍃 하나님과 통通하려면

1983년에 미국으로 유학을 갔습니다. 공부하면서 파트타임으로 교회에서 학생부 담당 전도사로 일했습니다. 학생들과 주일마다 함께 예배 드리고 성경을 공부했는데, 시간이 흐를수록 교회 일이 많아졌습니다. 매일 교회에 와야 하는 상황이 됐습니다. 그런데 그 일들이 성경을 가르치고 설교하는 일이 아니라 잡다한 일들이었습니다. 사람들이 보면 별 볼일 없는 일들, 예를 들면 청소나 운전 같은 것이었습니다.

LA는 사막 기후라 여름에도 비 한 방울 오지 않습니다. 겨울철에만 비가 조금 내립니다. 건조해서 산이 모두 노랗습니다. 그런데 푸른 나무와 잔디가 자라는 것은 물을 항상 주기 때문입니다. 스프링 쿨러를 이용하거나 사람을 고용해서 늘 물을 주기 때문에 사막 기후에서도 나무들이 그렇게 자라는 것입니다. 교회에서 청소와 운전 외에 물 주는 일도 많이 했습니다. 스프링 쿨러의 물이 안 닿는 곳에 긴 호스를 이용해 물을 주어야 합니다.

물을 주려고 수도를 틀었습니다. 분명히 물이 나오는 것도 확인했습니다. 그런데 끝에 가 보면 물이 안 나옵니다. 왜 그럴까요? 호스가 접히고 꼬였기 때문입니다. 얼른 가서 꼬인 호스를 제대로 풀면 물이 시원하게 나옵니다. 이런 일이 자주 있었습니다. 호스가 굉장히 길기 때문에 중간에 꼬이는 일이 많았던 것입니다.

우리 인생도 마찬가지입니다. 하나님께서는 광야와 사막 같은 우리 인생을 향해 정말 멋진 은혜의 강물을 흘려보내지만 그 생수가 우리의 삶에 닿지 않습니다. 우리 삶이 꼬여 있기 때문입니다. 하나님과의 관계에서 꼬이고 접힌 잘못된 것들, 우리의 죄와 허물을 다시 제자리로 돌려놓아야 합니다. 어떻게 죄의 문제를 해결할 수 있을까요? 용서받을 수 있을까요? 내가 아무리 노력해도, 아무리 돈을 많이 벌고 공부를 많이 해도, 아무리 높은 지위에 올라가 천하를 호령해도 우리의 죄 문제를 해결할 수는 없습니다.

그래서 주님이 우리가 받아야 할 형벌을 대신 받으시고, 십자가에서 우리의 죄를 해결해 주셨습니다. 모든 죄와 잘못된 것들은 오직 예수님의 보혈로만 바로잡을 수 있는 것입니다. 그러니 무조건 갈망하는 것이 아니라 예수 그리스도의 십자가를 통해 하나님을 갈망해야 합니다. 십자가를 통해 주님의 지성소에 들어갈 수 있습니다. 우리의 막히고 꼬인 모든 것을 예수님 십자가의 보혈로 펼 때, 하나님께서 흘려주시는 은혜의 강물이 우리 삶에 흘러넘칠 수 있는 것입니다.

하나님께서는 가장 큰 은혜의 도구로 '예배'를 우리에게 주셨습니다. 예배를 통해 십자가를 바라보며 주님을 갈망하고, 주님 앞에 나갈 수 있도록 만들어 주신 것입니다. 우리가 예배에 목숨 거는 이유가 여기에 있습니다. 예배는 영화나 콘서트처럼 구경하는 것이 아닙니다. 찬양대가 "저렇게 찬양하는구나" 하면서 구경하는 것이 아니라 우리도 찬양대와 같은 고백으로 함께 주님 앞에 나가야 합니다. 예배의 어떤 순서도 구경해선 안 됩니다. 모든 순서를 통해 내가 하나님 앞에 나가야 합니다. 누군가 대표 기도를 하면 대표 기도를 잘하나 못하나 판단하는 것이 아닙니다. 하나님 앞에 함께 나의 기도를 드리는 것입니다. 찬양을 드릴 때도 마찬가지입니다.

십자가를 바라보며 내가 주님의 지성소에 들어가야 합니다. 십자가를 통해 나의 모든 죄악과 허물들을 주님 앞에 내어 놓고 회개하며 고백해야 합니다. "주님! 내가 십자가를 통해 주님의 보좌 앞에 당당히 나아갑니다. 하나님 받아 주십시오" 하고 말입니다. 우리는 모두 예배의 성공자가 되어야 하는 것입니다.

예배의 자리에 와서 하나님을 바라볼 수 있기 바랍니다. 어떤 것보다 내 인생에 가장 중요한 것, 먼저 세워야 할 것은 주님 앞에 예배드리는 것입니다. 예배를 통해, 십자가를 통해 하나님을 바라봅시다. 내 인생의 꼬인 모든 것을 주님께서 풀어 주시면 마침내 주님의 보좌로부터 흘러나오는 멋진 생수의 강물이 우리 삶의 현장에 닿게 될 것입니다.

사막에 물이 닿으면 푸르러집니다. 생명력이 생깁니다. 잎이 트고 꽃이 피며 열매를 맺습니다. 옥토가 되는 것입니다. 그리고 거기서 기적이 일어납니다. 어쩌면 우리는 광야와 사막 같은 인생을 살고 있습니다. 우리는 답답하고 힘들고 피곤해 어쩔 줄 몰라 애태우며 인생을 살아갑니다. 그런데 십자가를 통해 하나님을 만나면 보좌로부터 흐르는 은혜의 강물이 우리 삶의 현장에 닿게 될 것입니다. 광야와 사막 같은 우리 인생에 잎이 트고 꽃이 피어 열매 맺는 하나님의 기적을 우리 삶의 현장에서 경험하게 될 것입니다.

✦ 우리들의 나침반

[1]여호와는 나의 목자시니 내게 부족함이 없으리로다 [2]그가 나를 푸른 풀밭에 누이시며 쉴 만한 물가로 인도하시는도다 [3]내 영혼을 소생시키시고 자기 이름을 위하여 의의 길로 인도하시는도다 [4]내가 사망의 음침한 골짜기로 다닐지라도 해를 두려워하지 않을 것은 주께서 나와 함께하심이라 주의 지팡이와 막대기가 나를 안위하시나이다 [5]주께서 내 원수의 목전에서 내게 상을 차려 주시고 기름을 내 머리에 부으셨으니 내 잔이 넘치나이다 [6]내 평생에 선하심과 인자하심이 반드시 나를 따르리니 내가 여호와의 집에 영원히 살리로다 _〈시편〉 23:1~6

찬양 듣기

02

나침반이
먼저입니다

스티브 도나휴는《사막을 건너는 여섯 가지 방법》이란 책의 서문에서 사람들은 인생이 산을 오르는 것이라고 생각하지만, 사실은 광야와 사막을 건너는 것이라고 이야기합니다. 산은 정상이 보입니다. 하지만 사막은 앞이 보이지 않습니다. 정상에 오르는 것은 목표 지향적입니다. 그 목표를 향해 가다 보면 옆이 잘 보이지 않습니다. 그러나 사막을 건너는 것은 좌우를 살펴야 해서 많은 것을 경험하게 됩니다. 그리고 그 경험으로 우리 삶을 더 풍성하게 만들어 갑니다.

　등산하는 사람들은 정상을 얼마나 누릴까요? 사람들의 이야기를 들어봤더니 정상에 머무는 시간은 5~10분밖에 안 됩니다. 얼른 사진 한 장 찍어서 증거만 남기고 내려갑니다. 정상에 오르지만 내려가야 하는 것입니다. 정치, 경제, 문화 등 각 분야에서 정상에 오른 사람들이 자살하는 경우가 많은데, 이는 정상에서 내려올 때의 허무감과 외로움 때문입니다.

이 책,《사막을 건너는 여섯 가지 방법》은 우리의 삶이 사막을 건너는 것임을 전제하며 6가지 방법을 소개합니다. 두 번째부터 말씀드리면 "오아시스를 만날 때마다 쉬어 가라"입니다. 세 번째는 "모래에 갇히면 타이어에서 바람을 빼라"입니다. 사막의 경사를 오를 때는 무릎까지 모래에 잠깁니다. 차바퀴가 모래에 빠져서 나올 수 없다면, 바람을 빼서 접지 면적을 넓혀야 나올 수 있는 것입니다. "바람을 빼라"는 것은 바로 "인생의 힘을 빼라"는 것입니다. 네 번째는 "혼자서 함께 여행하기", 다섯 번째는 "캠프파이어에서 한 걸음 멀어지기"입니다. 가까이만 있지 말고 한 걸음 멀어져야 내가 할 것을 할 수 있다는 것입니다. 여섯 번째는 "허상의 국경에서 멈추지 마라"입니다. 그러면 도나휴가 제시하는 첫 번째 방법은 무엇일까요?

🍃 지도 말고 나침반

가장 중요한 첫 번째는 바로 "지도를 따라가지 말고 나침반을 따라가라"입니다. 인생은 사막을 걷는 것이라고 했습니다. 지도에는 산과 산맥의 이름이 있고, 높낮이가 표시되어 있습니다. 그러나 사막에는 그 어떤 표시도 없습니다. 사막은 바람이 한 번 불면 오른쪽에 있던 모래 산이 다른 쪽으로 옮겨 가는 곳입니다. 항상 변하는 곳이어서 지도보다 중요한 것이 나침반입니다. 우리의 인생도 마찬가지여서 변하는 것에 기준을 두지 말고 변치 않는 것에 기준을 두어야 합니다.

사막을 갈 때, 시계, 지도, 나침반 중에 하나를 선택해야 한다면 무엇을 택하시겠습니까? 당연히 나침반을 먼저 선택해야 합니다. 두 번째는 지도입니다. 그리고 세 번째가 시계입니다. 산을 오르는 사람들에게는 시계가 중요합니다. 시계는 효율성을 의미합니다. 등산할 때는 자주 시간을 체크하면서 효율적으로 올라야 정상에 도달할 수 있습니다. 그런데 효율성을 따지는 것만큼 삭막한 인생이 없습니다. 그러나 사막에서는 시계가 많이 필요하지 않습니다.

지금 우리는 인생이라는 사막과 광야를 건너가고 있습니다. 성경은 이스라엘 40년 광야 생활이 우리 삶의 여정이라고 이야기합니다. 사막에서 우리는 혹독한 날씨로 괴롭습니다. 낮은 너무 뜨겁고 밤은 너무 춥습니다. 언제 전갈이나 독사 같은 것들이 나타날지도 모릅니다. 게다가 사막은 목마른 곳입니다.

그런데 사막을 건너려고 준비할 때, 먹는 것과 마시는 것 모두 중요하지만 가장 중요한 것은 "내가 어느 길로 갈 것이냐"입니다. 기준이 중요합니다. 여러분이 배를 탄다고 생각해 보십시오. 어떤 질문이 중요합니까? ① 배에 레스토랑이 있나요? ② 몇 명 타지요? ③ 어디로 가나요? ④ 얼마나 큰가요?

우리가 해야 할 본질적인 질문은 "이 배가 어디로 가느냐"입니다. 나머지는 부수적인 것입니다. 인생도 마찬가지입니다. 사막을 건널 때 가장 중요한 것은 "무엇을 먹느냐, 마시느냐, 입느냐"보다 "내가 어느 방향을 향해 가고 있느냐"입니다. 그런데 그 방향을 가르쳐 주는 것이 나침반입니다. 언제나 북쪽을 가리키는 나침반을 기준으로 삼아 어디로 가야 할지 알게 되는 것입니다. 우리 삶에 필요한 것이 정말 많지만, 가장 중요한 것은 내가 어떤 방향으로 어떻게 가고 있느냐를 말해 주는 하나님의 말씀입니다. 우리 인생의 나침반은 바로 성경인 것입니다.

> 풀은 마르고 꽃은 시드나 우리 하나님의 말씀은 영원히 서리라 하라_사 40:8

> 진실로 너희에게 이르노니 천지가 없어지기 전에는 율법의 일점 일획도 결코 없어지지 아니하고 다 이루리라_마 5:18

　모든 것은 변합니다. 그러나 하나님의 말씀은 변치 않는 진리의 말씀입니다. 인생이라는 사막을 건널 때 하나님의 말씀만이 우리의 나침반입니다. 그러므로 변하는 것에 기준을 두지 않고, 변치 않는 기준으로 방향을 잡고 살아갈 때, 우리가 사막과 광야를 누릴 수 있습니다.

🌿 가장 많이 변하는 것

그렇다면 우리가 살아가는 인생에서 가장 많이 변하는 것은 무엇일까요? 꽃은 금방 시들고, 유행도 금세 변하지만, 가장 많이 변하는 것은 인생도 마찬가지입니다. 사막을 건널 때 가장 중요한 것은 "무엇을 먹느냐, 마시느냐, 입느냐"보다 "내가 어느 방향을 향해 가고 있느냐"입니다. 그리고 그 방향을 가르쳐 주는 나침반은 바로 성경입니다.

바로 우리 마음입니다. 우리의 감정은 하루에도 24번 변합니다. 꽃이 시들고 변한다지만 그 시기를 가늠할 수 있습니다. 그런데 우리 마음은 갑자기 어떻게 변할지 모릅니다. 어떤 것보다도 빠르게 자주 바뀌는 것이 나의 느낌과 생각, 마음과 감정입니다. 그런데 자신의 감정과 생각을 삶의 기준으로 삼는 경우가 많습니다. 가장 미련한 것입니다.

자신의 감정과 생각을 기준 삼아 사막을 건넌다면 우왕좌왕하다가 끝납니다. 우리의 인생이 그대로 소진되는 것입니다. 애태우다가 끝납니다. 변하지 않는 나침반을 기준으로 하여 방향을 제대로 잡을 때 사막을 건널 수 있습니다. 지하철을 타고 서울역으로 가려고 합니다. 일산에서 가려면 3호선을 타고 가다가 1호선으로 갈아타야 합니다. 환승역에 내렸는데, 자기 느낌으로는 오른쪽으로 가야 할 것 같습니다. 그런데 이정표는 왼쪽이라고 합니다. 어느 것을 따라가야 합니까? 전자를 택하는 분은 멍청이, 바보입니다. 그런데 우리가 인생을 그렇게 살고 있습니다. 진리의 말씀에 기초하지 않고 자신의 느낌과 감정을 쫓는 것입니다. 결국 인생을 헤매다 끝나게 됩니다.

미국에서 공부를 마치고 한국에 들어오기 전날, 같이 생활했던 친구들과 송별식을 하기 위해 모였습니다. 5시 약속이었는데, 제일 친한 친구가 오지 않았습니다. 거의 2시간 동안 밥을 먹고 나가려는데 이 친구가 왔습니다. 2시간이나 늦은 것입니다. 이야기를 들어 보니, 자주 왔던

곳인데 방향 감각을 잃어 2시간을 헤맸던 것입니다. 기다리는 우리도 힘들었지만, 그 친구는 얼마나 힘들었을까요? 방향 감각을 못 잡으면 나도 힘들고 남도 힘든 것입니다.

그 친구가 한번은 고속도로에서 80km로 가야 되는데 25km로 가다가 경찰에게 붙잡혔습니다. 방향 감각을 잃어 뒤에 차가 오는데도 당황해서 25km로 간 것입니다. 이것도 방향 감각의 문제였습니다.

방향 감각이 중요합니다. 인생의 방향을 잘 잡아야 합니다. 그런데 우리는 방향 감각을 내 마음과 생각, 내 느낌과 감정에 의존합니다. 그래서 헤매고 힘을 소진합니다. 인생이 피곤한 것입니다. 뭔가 될 것 같은데 안 됩니다. 조금만 더 앞으로 가면 될 것 같은데 안 되는 상황이 계속 반복되는 것은 내 삶의 방향 즉 기준이 없어졌기 때문입니다. 주님께서 말씀하십니다.

"불변하는 하나님의 말씀을 이정표와 나침반 삼아서 네 인생의 기준을 세워야 한다."

¹내가 오늘 명하는 모든 명령을 너희는 지켜 행하라 그리하면 너희가 살고 번성하고 여호와께서 너희의 조상들에게 맹세하신 땅에 들어가서 그것을 차지하리라 ²네 하나님 여호와께서 이 사십 년 동안에 네게 광야 길을 걷게 하신 것을 기억하라 이는 너를 낮추시며 너를 시험하사 네 마음이 어떠한지 그 명령을 지키는지 지키지 않는지 알려 하심이라 ³너를 낮추시며 너를 주리게 하시며 또 너도 알지 못하며 네 조상들도 알지 못하던 만나를 네게 먹이신 것은 사람이 떡으로만 사는 것이 아니요 여호와의 입에서 나오는 모든 말씀으로 사는 줄을 네가 알게 하려 하심이니라 _ 신 8:1~3

하나님께서 광야를 이야기하면서, "사람이 떡으로 사는 것이 아니라 여호와의 모든 말씀으로 사는 것"이라고 말씀하십니다. 변하는 것을 따라가면 인생이 망하지만 진리의 말씀을 삶의 기준으로 삼으면 멋진 인생을 살 수 있다는 말씀입니다. 이스라엘 백성이 광야 40년을 어떻게 지냈습니까? 물이 없었습니다. 춥고, 더웠습니다. 먹을 것도 없었습니다. 하지만 하나님께서 그들을 지켜 주셨습니다. 밤에는 불기둥으로 춥지 않도록, 낮에는 구름 기둥으로 뜨겁지 않도록 그들을 보호하고 인도하셨습니다. 만나와 메추라기를 주셨고, 반석에서 샘물도 나게 하셨습니다.

광야 40년의 그림을 보이시면서 오늘을 사는 우리에게 주님께서 똑같이 말씀하십니다. 우리가 당장의 먹을 것과 마실 것, 소유와 유행 등 주변의 것을 좇지 않고 하나님의 말씀을 따르면, 사막과 광야에서 기적이 무엇인지, 하나님이 함께하시는 증거가 무엇인지, 하나님께서 우리를 어떻게 보호하고 만들어 가시는지 보여 주겠다는 것입니다. "내 말을 붙잡아 방향을 잡아라! 기준을 잘 잡아라! 나의 말로 너의 삶을 만들어라! 그때 네 삶 속에 불기둥과 구름 기둥으로, 만나와 메추라기로, 반석에서 샘물이 나는 역사로 함께하겠다"는 것입니다. 인생의 사막과 광야를 건너가지만 "하나님께서 제 삶을 또 이렇게 인도하셨네요" 하는 간증과 감사가 있도록 만들어 주신다는 것입니다.

🌿 우리가 볼 나침반

주님은 우리에게 나침반을 먼저 보라고 말씀하십니다. 말씀으로 돌아오라고 말씀하십니다. 그곳에 우리의 해결책이 있습니다. 거기서 하나님이 누구신지를 알고, 하나님의 위로가 무엇인지, 하나님께서 내 삶을 어떻게 인도하시는지, 나를 어떻게 도전하시는지, 내가 어떤 지혜를 가질 수 있는지, 어떤 꿈을 꿀 수 있는지를 알게 됩니다. 가장 중요한 인생의 나침반, 그것은 성경 곧 하나님의 말씀입니다.

> 16모든 성경은 하나님의 감동으로 된 것으로 교훈과 책망과 바르게 함과 의로 교육하기에 유익하니 17이는 하나님의 사람으로 온전하게 하며 모든 선한 일을 행할 능력을 갖추게 하려 함이라 _ 딤후 3:16~17

우리가 하나님 말씀 앞에 설 때 하나님께서 우리의 방향을 잡아 주시고, 온전한 길로 가도록 만들어 주십니다. 뿐만 아니라 우리의 인생길에서 하나님이 함께하시는 능력을 경험할 수 있습니다. 이스라엘 백성의 광야 40년이 똑같습니다. 모든 것이 부족하고 안 되는 상황에서 그들은 하나님의 능력을 경험했습니다. 하나님께서 어떻게 역사하시는지를 경험했습니다. 모두가 포기하고 원망할 그때에 홍해가 갈라지고, 만나와 메추라기가 생기며, 반석에서 샘물이 나는 하나님의 기적을 경험했습니다. 구름 기둥과 불기둥으로 인도하시는 하나님의 역사를 본 것입니다.

우리가 하나님 말씀 앞에 설 때 하나님께서 우리의 방향을 잡아 주시고, 온전한 길로 갈 수 있도록 만들어 주십니다. 뿐만 아니라 우리의 인생길에서 하나님이 함께하시는 능력을 경험할 수 있습니다.

주님께서 우리에게 말씀으로 돌아오라고 하십니다. 다시 나침반을 봐야 한다는 것입니다. 목사로서 소원이 있다면 하나님 말씀을 제대로 알고 그 말씀을 묵상하면서 그 말씀 안에서 사는 것입니다. 한국 교회 모든 성도와 함께 말입니다.

그러기 위해 말씀을 읽어야 합니다. 성경을 하루에 3장씩 읽으면 1년이면 완독할 수 있습니다. 또한 2~3일 날을 정해 복음서나 바울 서신 같은 신약성경의 한 부분을 집중해서 완독하는 것입니다. 하루 이틀 휴가를 내어 집중적으로 읽어 봅시다. 도전하십시오. 말씀을 읽으십시오. 그리고 기도하십시오. 기도와 말씀은 같이 가야 합니다. 훈련 프로그램에 참여해서 말씀을 공부하고 묵상하십시오. 그리고 정말 중요한 것은 그 말씀을 적용하십시오. 나침반을 보고 방향을 알았음에도 다른 방향으로 가는 것은 정말 어리석은 일입니다. 말씀을 알았다면 내 삶에 적용해야 합니다. "하나님, 내 감정 내 느낌을 따라가지 않겠습니다. 하나님 말씀만 따라가겠습니다" 하는 고백이 우리의 고백이 되어야 합니다.

내 느낌과 감정을 따라 살면서 하나님 능력과 역사 주변을 빙빙 도는 것은 인생을 소진하는 것입니다. 이제는 하나님 말씀으로 방향을 잡고 하나님의 능력을 경험하십시오. 다시 하나님 말씀 앞에 서야 하는 것입니다.

✦ 우리들의 나침반

¹내가 오늘 명하는 모든 명령을 너희는 지켜 행하라 그리하면 너희가 살고 번성하고 여호와께서 너희의 조상들에게 맹세하신 땅에 들어가서 그것을 차지하리라 ²네 하나님 여호와께서 이 사십 년 동안에 네게 광야 길을 걷게 하신 것을 기억하라 이는 너를 낮추시며 너를 시험하사 네 마음이 어떠한지 그 명령을 지키는지 지키지 않는지 알려 하심이라 ³너를 낮추시며 너를 주리게 하시며 또 너도 알지 못하며 네 조상들도 알지 못하던 만나를 네게 먹이신 것은 사람이 떡으로만 사는 것이 아니요 여호와의 입에서 나오는 모든 말씀으로 사는 줄을 네가 알게 하려 하심이니라 ⁴이 사십 년 동안에 네 의복이 해어지지 아니하였고 네 발이 부르트지 아니하였느니라 ⁵너는 사람이 그 아들을 징계함 같이 네 하나님 여호와께서 너를 징계하시는 줄 마음에 생각하고 ⁶네 하나님 여호와의 명령을 지켜 그의 길을 따라가며 그를 경외할지니라 ⁷네 하나님 여호와께서 너를 아름다운 땅에 이르게 하시나니 그 곳은 골짜기든지 산지든지 시내와 분천과 샘이 흐르고 ⁸밀과 보리의 소산지요 포도와 무화과와 석류와 감람나무와 꿀의 소산지라 ⁹네가 먹을 것에 모자람이 없고 네게 아무 부족함이 없는 땅이며 그 땅의 돌은 철이요 산에서는 동을 캘 것이라 ¹⁰네가 먹어서 배부르고 네 하나님 여호와께서 옥토를 네게 주셨음으로 말미암아 그를 찬송하리라 ¹¹내가 오늘 네게 명하는 여호와의 명령과 법도와 규례를 지키지 아니하고 네 하나님 여호와를 잊어버리지 않도록 삼갈지어다 ¹²네가 먹어서 배부르고 아름다운 집을 짓고 거주하게 되며 ¹³또 네 소와 양이 번성하며 네 은금이 증식되며 네 소유가 다 풍부하게 될 때에 ¹⁴네 마음이 교만하여 네 하나님 여호와를 잊어버릴까 염려하노라 여호와는 너를 애굽 땅 종 되었던 집에서 이끌어 내시고 ¹⁵너를 인도하여 그 광대하고 위험한 광야 곧 불뱀과 전갈이 있고 물이 없는 간조한 땅을 지나게 하셨으며 또 너를 위하여 단단한 반석에서 물을 내셨으며 ¹⁶네 조상들도 알지 못하던 만나를 광야에서 네게 먹이셨나니 이는 다 너를 낮추시며 너를 시험하사 마침내 네게 복을 주려 하심이었느니라 ¹⁷그러나 네가 마음에 이

르기를 내 능력과 내 손의 힘으로 내가 이 재물을 얻었다 말할 것이라 ¹⁸네 하나님 여호와를 기억하라 그가 네게 재물 얻을 능력을 주셨음이라 이같이 하심은 네 조상들에게 맹세하신 언약을 오늘과 같이 이루려 하심이니라 _〈신명기〉 8:1~18

찬양 듣기

#03

별을 보는
인생

세시봉 가수로 유명한 윤형주 장로께 사막에 다녀온 이야기를 했
더니 대뜸 같이 사막에 가자고 하셨습니다. 언젠가 별이 가장 잘 보이는
사막에서 육촌 형인 윤동주 시인의 시낭송회를 하는 것이 자신의 소원
이라는 것입니다. 윤동주의 시에는 별이 자주 나옵니다. 〈서시〉를 잘 아
실 겁니다.

> 죽는 날까지 하늘을 우러러
> 한 점 부끄럼이 없기를
> 잎새에 이는 바람에도
> 나는 괴로워했다
> 별을 노래하는 마음으로

모든 죽어 가는 것을 사랑해야지
그리고 나한테 주어진 길을
걸어가야겠다.

오늘 밤에도 별이 바람에 스치운다.

별은 꿈을 상징합니다. 가장 어두운 하늘에 빛나는 것이 별입니다. 어두운 우리 인생을 가장 빛나게 만들 수 있는 것도 꿈인 것입니다. 사막에 도착했을 때 마침 밤에 달이 없는 날이었습니다. 얼마나 감동적인 별을 보았는지요. 사막에서 본 별은 밤 하늘에 마치 모래를 뿌려 놓은 것 같았습니다. 은하수가 선명하게 보였습니다. 세상에 별이 그렇게 많다는 것을 처음 경험했습니다. 너무 감동적이었습니다. 그런데 그렇게 멋진 별을 볼 수 있었던 이유는 칠흑 같은 깜깜한 밤이었기 때문입니다.

☙ 꿈을 꾸게 하시는 하나님

그 감동적인 별을 바라보며 제 마음에 떠오른 하나님의 말씀이 있었습니다. 아브라함의 이야기입니다. 아브라함은 복을 많이 받았지만 자식이 없었습니다. 아들이 없었습니다. 대를 이을 후사가 없었던 것입니다. 지금도 그렇지만 그 당시 자녀가 없는 것은 얼마나 힘든 일인지 모릅니다. 사실 아브라함은 후사가 없어서 절망하고 있었습니다. 그때 하나님께서 그를 밖으로 불러내 말씀하십니다. "네가 처한 상황, 너의 현재 상황은 어두움이지? 그러나 동서남북, 앞뒤 좌우의 어둠을 보지 말고 저 위를 바라보지 않겠니?" 그러고 나서 별을 가리키며 "네게 이 별처럼 많은 자손을 줄 것이다"라고 말씀하십니다.

풀이 죽고 기진맥진해서 난 끝났다고 절망하던 아브라함에게 하나님께서 꿈을 주신 것입니다. "슬픔은 위로할 수 있지만 절망은 위로할 수 없다"는 말이 있습니다. 슬픔은 여러 가지 중 좋은 것 하나를 잃는 것이지만 절망은 모든 것을 다 잃은 상태이기 때문입니다. 그런데 그 절망스럽고 캄캄한 인생을 향해 하나님께서 말씀하십니다. "네 눈을 들어 저 하늘을 봐라! 별을 보아라!" 꿈을 꾸라는 것입니다. 실패하고 모든 것이 막혀 있을지라도 우리는 믿음으로 하나님 안에서 꿈을 꿀 수 있다는 것입니다.

꿈은 인생의 모든 것이 깜깜할 때에도 꿀 수 있는 것입니다. 성경에 나오는 믿음의 사람을 볼 때, 하나님은 절망의 상황에서 꿈을 꾸게 하시고 그 꿈을 현실이 되게 만들어 주셨습니다.

제 인생을 뒤돌아볼 때도 하나님은 가장 칠흑 같은 상황에서 만나 주시고 꿈을 주셨습니다. 제가 대입 시험을 보던 때는 체력장이 있었습니다. 그리고 예비고사와 본고사가 있었습니다. 이 세 가지를 통과해야 합격입니다. 그런데 체력장 하는 날 아침, 자전거를 타고 예비고사 원서에 쓸 사진을 찾아오다가 교차로에서 교통사고가 났습니다. 제가 조수석 앞 유리를 머리로 깨고 들어갔습니다. 옛날에 산속에서 자동차 문이 잠긴 적이 있었습니다. 전화기도 불통이고, 방법이 없어서 큰 돌을 집어 유리창을 깨려고 던졌는데 안 깨졌습니다. 차 유리가 보통 강한 것이 아닙니다. 그런데 제가 그것을 뚫고 들어간 것입니다. 머리가 들어간 채로 몇 미터를 끌려갔는데 깨진 유리가 제 목 바로 밑에 있었습니다. 정말 큰일 날 뻔했습니다.

모든 것이 깜깜했습니다. 뼈를 깎는 아픔으로 열심히 공부했는데 그 모든 것이 허망하게 날아간 것입니다. 그날 체력장을 보지 못하고 병원에 누워 있을 때 하나님께 드렸던 기도는 제가 드린 기도 중에 가장 불평이 가득했을 것입니다.

"하나님 도대체 이게 뭡니까?"

"좋습니다. 그래요! 일생에 심각한 교통사고 5번 난다고 합시다. 그런데 왜 하필이면 오늘이어야 합니까?"

현실이 받아들여지지 않았습니다. 일년 동안 열심히 공부한 것이 물거품이 된 것입니다. 다 끝났습니다. 도대체 왜 이런 일이 나에게 일어났는가! 막막했습니다.

그렇게 3일이 지났습니다. 병원에 가만히 누워, 천장만 쳐다보고 있었습니다. 그때 하나님께서 제게 어렸을 때 주셨던 꿈을 마음에 아로새겨 주셨습니다. 다시 하나님께 기도했습니다. 대학 들어가면 자유를 만끽하며 놀 생각으로 가득했는데, 한눈팔지 않고 하나님 앞에 제 인생 드리겠다고 말입니다.

저의 인생 가운데 가장 깜깜하고 답답했던 그 순간에 하나님께서는 새로운 꿈을 꾸게 하셨습니다. 하나님께 화내고 투정하며 어쩔 줄 몰라

했던 그때, 하나님은 꿈을 꾸게 하시고 제 인생을 더 멋지게 만들어 주셨습니다.

실패했습니다. 넘어졌습니다. 해봤는데 안 됩니다. 모든 것이 깜깜합니다. 할 수 있는 것이 아무것도 없습니다. 동서남북 앞뒤 좌우를 살펴봐도 나갈 길이 없습니다. 진퇴양난입니다. 사방이 막힌 사면초가입니다. 그때 하나님께서는 우리에게 위를 바라보라고 하십니다. 그리고 하나님께서 나에게 주신 꿈을 꾸라고 말씀하십니다. 그 꿈을 통해 우리는 다른 인생이 되어 멋진 하나님의 역사를 경험할 것입니다.

🍃 기적이 오는 길

우리 안에 항상 꿈틀거려야 할 것이 있습니다. 바로 꿈입니다. 꿈은 우리의 인생과 삶 속에 언제나 꿈틀거려야 합니다. 하나님의 기적은 우연히 일어나지 않습니다. 믿음으로 꿈꾸는 자들에게 오는 것입니다.

개인적으로 멀미를 많이 하기 때문에 옛날부터 차를 타면 일단 책을 읽지 않습니다. 차를 타고 가까운 곳을 보면 어지러워 멀미가 나는데, 그럴 때는 멀리 보라고 합니다. 마찬가지입니다. 인생이 어지럽고, 멀미하듯 힘든 것은 너무 앞만 보기 때문입니다. 별거 아닌 것 가지고 화내고, 힘들어 하는 것입니다. 멀리 보십시오. 꿈을 꾸는 것입니다 인생에 멀미가 나는 것은 꿈이 없어서입니다.

목회 시작한 지 얼마 안 됐을 때 전교인 체육 대회를 했습니다. 당시 전도사님 한 분이 발야구를 한다고 줄을 그었습니다. 그런데 이 줄이 삐뚤빼뚤했습니다. 다시 그릴 때는 제가 이편 끝에 서서, 고개를 들고 나만 보고 오라고 했더니 반듯한 줄이 멋지게 그려졌습니다. 우리 인생이 삐뚤빼뚤 한 것은 꿈이 없어서입니다. 멀리 바라보는 꿈이 없기 때문에 우리 인생이 힘든 것입니다. 하나님께서는 꿈을 꾸어야 한다고 분명하게 말씀하십니다. 꿈을 꿀 때 우리의 인생을 더 멋지고 아름답게 세워갈 수 있습니다. 우리가 두려움과 염려, 절망에 빠져 허우적거리는 것은 꿈이 없어서입니다. 별거 아닌 것 가지고 화를 내는 것은 꿈이 없어서입니다. 우리 안에 별과 같이 빛나는, 하나님께서 주신 꿈이 있어야 합니다. 꿈이 꿈틀거려야 합니다.

그런데 많은 사람이 꿈과 욕심을 착각합니다.

> 우리 주 예수 그리스도와 우리를 사랑하시고 영원한 위로와 좋은 소망을 은혜로 주신 하나님 우리 아버지께서 _ 살후 2:16

하나님께서 좋은 소망을 주셨다고 합니다. 좋은 소망을 주셨다는 것은 나쁜 소망도 있다는 것입니다. 앞을 바라보며 어떤 일을 계획하지만 그것이 욕심인 경우도 있고 꿈인 경우도 있습니다. 저는 비전을 말할 때 "하나님 안에서 내일을 향한 나의 초상화"라고 말합니다. 하나님 밖에 있는 것은 욕심입니다. 하나님 안에서 내일을 향한 나의 초상화가 비전이자 꿈입니다.

이것을 내가 소유하겠다, 내가 이렇게 하겠다며 세우는 나 중심적인 삶의 계획, 목표들은 모두 욕심입니다. 그 욕심이 우리 안에 있을 때 인생이 힘든 것입니다. 피곤하고 절망스럽습니다. 주님께서는 우리에게 욕심이 아닌 꿈을 심장에 담으라고 말씀하십니다.

나 혼자만 잘되고 싶은 것은 욕심입니다. 함께 잘되는 것이 비전이고 하나님께서 주신 좋은 소망입니다. 많은 사람이 욕심 부리는 것을 꿈이라고 생각하며 달려갑니다. 그래서 인생이 힘들고 피곤한 것입니다.

주일에 저녁을 먹다가 뭔가 이상해서 생각해 보니 점심을 먹지 않았습니다. 점심을 먹지 못한 것도 모르고 저녁이 된 것입니다. 그런데 점심을 못 먹었어도 불평스럽지 않았습니다. 저에겐 꿈이 있기 때문입니다. 만약 일당을 받고 일하는데 밥도 못 먹고 일을 해야 했다면 얼마나 불평과 원망이 있었겠습니까?

누구든지 무엇을 얻으려고 했다가 손해를 본 거 같다면 당연히 화가 납니다. 불평하고, 원망하고, 피곤해지는 것입니다. 그러나 비전이 있는 사람! 하나님께서 주신 꿈이 있는 사람은 못 먹어도 불평하지 않습니다. 어려운 일을 만나도 두려워하지 않습니다. 꿈이 그 인생을 새롭게 만드는 것입니다. 타성에 젖지 않게, 더 열정으로 살게 합니다. 나 자신이 하루하루를 그저 그렇게 살고 있다면 나에게 꿈이 없다는 것입니다. 아침에 일어날 때마다 내 안에 흥분된 마음으로 두 주먹을 불끈 쥐는 마음이 없다면 내 안에 이미 꿈이 없는 것입니다. 그냥 그렇게 우리 인생을 살고 있는 것입니다.

꿈을 담은 사람들

우리 안에 꿈이 담기면 두려워하지 않습니다. 걱정하지 않습니다. 염려하지 않습니다. 절망하지 않습니다. 하지만 우리 안에 욕심이 있다면 걱정하고, 염려하고, 피곤해 합니다. 절망합니다.

"이 땅을 살아갈 때 욕심을 내서 소유에 급급해서 사는 것이 아니라 내가 너에게 주는 꿈을 가슴과 심장 속에 담지 않겠느냐?"

"어둡다고? 깜깜하다고? 해봤는데 안된다고? 피곤하다고? 내가 주는 꿈을 너의 가슴속에 담고 있느냐? 꿈이 있으면 된다!"

하나님께서 여러분 가슴에 주시는 음성을 들을 수 있기를 주님의 이름으로 축복합니다.

사랑의 클리닉, 꿈의 학교를 비롯해서 여러 사랑의 봉사단체를 만든 황성주 박사를 아실 것입니다. 황성주 생식으로도 유명한 분입니다. 딸 애리가 고등학생 때 담임 선생님께 전화가 왔답니다. 애리가 반에서 꼴등이라고 말입니다. 사회적으로 존경받던 황성주 박사의 딸이 꼴등일 뿐만 아니라 문제아가 되어 가고 있었습니다. 너무 산만해서 별명이 '위대한 덜렁이'였을 정도입니다.

그러던 중에 애리가 뉴욕에 사는 외삼촌 집에 다녀오면서 꿈을 갖게 됐습니다. 자신의 은사가 무엇인지 무엇을 위해 살아야 되는지 깨달았습니다. "아빠 나 패션 디자이너 될 거야!"라고 말하고, 그때부터 공부하기 시작했습니다. 그렇게 잔소리를 해도 공부하지 않았던 아이가 "그만 쉬어라! 잠 좀 자라!" 할 정도로 공부하는 것입니다. 잔소리 때문에 하는 것이 아니라 꿈 때문에 공부하게 된 것입니다. 꿈은 이렇게 사람을 변화시킵니다. 진짜 꿈이 있으면, 하나님이 주신 꿈이 있으면 다른 인생을 사는 것입니다.

왜 우리가 다른 인생을 살지 못하는지 아십니까? 꿈이 없기 때문입니다. 그저 그렇게 살면서, 별거 아닌 거 가지고 화내고 신경질 내고 분노하는 것입니다. 꿈을 가진 사람은 그럴 여유가 없습니다.

비전이 있는 사람! 하나님께서 주신 꿈이 있는 사람은 불평하지 않습니다. 어려운 일을 만나도 두려워하지 않습니다. 꿈이 그 인생을 새롭게 만드는 것입니다.

황성주 박사 역시 광주의 한 고등학교에서 450등을 하던 학생이었습니다. 그런데 양인옥 선생에게 감동적인 도전을 받게 됩니다. 은퇴하시면서 "내 인생에 가장 보람 있었던 때는 섬에서 봉사하는 삶을 살았을 때다" 하신 그 말이 황 박사의 가슴에 꽂혀 버렸습니다. "인생의 진정한 의미를 찾아야겠다. 그래, 나도 봉사하는 삶을 살아야겠다" 하고 꿈을 꾸기 시작했습니다. 그렇다면 어떤 봉사를 해야 할지 고민하다가 슈바이처 같은 의사가 되겠다고 결심하고 공부하기 시작했습니다. 전교 꼴찌에서 성적이 쭉쭉 올라서 최선두 그룹이 됐습니다. 그리고 마침내 서울대 의대에 입학하게 됐습니다.

학창 시절부터 사랑의 봉사단을 만들었습니다. 그때부터 벌써 세계를 향한 꿈을 꾸기 시작했습니다. 황성주 박사가 서울대 의대 시절에 가졌던 꿈이 하나 있었습니다. 이 얘기를 듣고 저는 얼마나 충격을 받았는지 모릅니다. 그 꿈은 서울대에 다니는 전교생을 주님께로 인도하는 것이었습니다. 인간적으로 볼 때 참 허무맹랑한 이야기입니다. 하지만 그렇기 때문에 하나님께서 그를 사용하신 것 같습니다. 그의 가슴에, 심장에 담긴 하나님께서 주신 꿈 때문에 말입니다. 연약하고 부족하지만 그 심장에 하나님이 주신 꿈을 담았기 때문에 하나님께서 사용하시는 것입니다.

우리가 하나님께서 주신 꿈을 가슴속에 담을 수 있다면, 우리는 절망하지 않을 수 있습니다. 두려워하거나 피곤하지 않을 수 있습니다. 하나님이 주신 꿈을 내 가슴속에 담을 수 있다면 환경이 문제가 아닙니다. 하루를 시작할 때마다 열정을 가지고 자리에서 일어납니다. 흥분된 마음으로 하루를 시작하고 우리의 시간을 더 가치 있게 사용할 수 있습니다.

우리가 헤매는 것, 절망하는 것, 피곤해 하는 것, 화내는 것, 난 안 된다고 손을 놓고 있는 것은 하나님이 주신 꿈이 가슴에 담겨 있지 않기 때문입니다. 그러나 그 꿈이 담긴다면 다른 인생을 살게 됩니다. 하나님께서는 우리 각자에게 다 다른 꿈을 주셨습니다.

"이 산지를 내게 주소서" 하고 용감하게 나선 갈렙과 같은 사람을 하나님은 찾고 계십니다. 꿈꾸는 자를 찾으십니다. 그 안에 하나님이 주신 꿈이 꿈틀거리는 자를 찾으십니다. 다시 하나님 앞에 우리 마음을 드립시다. 주님께서 다시 꿈을 담아 주실 것입니다. 다른 인생을 만들어 주실 것입니다. 하나님은 여러분을 사랑하십니다.

✳ 우리들의 나침반

¹이 후에 여호와의 말씀이 환상 중에 아브람에게 임하여 이르시되 아브람아 두려워하지 말라 나는 네 방패요 너의 지극히 큰 상급이니라 ²아브람이 이르되 주 여호와여 무엇을 내게 주시려 하나이까 나는 자식이 없사오니 나의 상속자는 이 다메섹 사람 엘리에셀이니이다 ³아브람이 또 이르되 주께서 내게 씨를 주지 아니하셨으니 내 집에서 길린 자가 내 상속자가 될 것이니이다 ⁴여호와의 말씀이 그에게 임하여 이르시되 그 사람이 네 상속자가 아니라 네 몸에서 날 자가 네 상속자가 되리라 하시고 ⁵그를 이끌고 밖으로 나가 이르시되 하늘을 우러러 뭇별을 셀 수 있나 보라 또 그에게 이르시되 네 자손이 이와 같으리라 _〈창세기〉 15:1~5

찬양 듣기

04

모험으로
일어서야 합니다

사막은 건조하고 매우 살기 힘든 땅입니다. 생명체에게 가장 필요한 물이 없습니다. 물이 없기에 생명이 없고, 생명이 없기에 먹을 것도 없습니다. 특히 일교차가 커서 낮에는 더위와 밤에는 추위와 싸워야 합니다. 그러다 보니 감기나 병에 걸릴 위험도 높습니다. 게다가 모래 폭풍이 한 번 휘몰아 칠 때면 앞이 보이지 않습니다. 한 쪽에 있던 모래 산이 다른 쪽으로 옮겨지는 아주 강력한 모래 폭풍도 있습니다. 그런데 그 사막에 살며 사막을 건널 수 있는 유일한 동물이 있습니다. 바로 낙타입니다.

강렬한 햇빛이 내리 쬐면 사막의 지표면은 온도가 60~70℃까지 올라갑니다. 공기 중의 온도는 그것보다 낮지만 바닥이 그만큼 뜨겁습니다. 그 강렬한 태양 앞에서 낙타는 오히려 태양 쪽으로 머리를 향합니다. 서 있기만 해도 온몸이 타는 듯한데 낙타는 그 태양을 피하는 것이 아니라 정면으로 바라보는 것입니다. 그렇게 하면 몸에 머리 그림자가 생겨 그만큼 더위를 견디게 합니다.

🍃 낙타는 태양을 피하지 않는다

베드윈 족속같이 사막에 사는 사람들은 절대로 짧은 옷을 입지 않습니다. 전통적으로 입는 복장을 보면 모자를 쓰고 온몸을 가립니다. 몹시 더운 지역에서 왜 그럴까요? 태양 때문입니다. 온몸을 가리면 더울 것 같지만 태양 빛을 가려 그림자가 생기면 더 시원한 것입니다. 그래서 낙타는 서 있을 때 태양을 피하지 않고 바라보는 것입니다. 당당하게 정공법을 사용합니다.

하나님은 창조의 섭리를 통해 광야와 사막을 건너는 우리 인생들에게 가르쳐 주십니다. 우리 앞에 어떤 문제가 있다면 피하지 말라고 도전하라고 말입니다. 앞에서 꿈과 비전에 대해 말씀 드렸습니다. 그런데 꿈을 꾸고만 있으면 그것은 개꿈이 됩니다. 꿈이 현실이 되고 열매를 얻기 위해서는 실행해야 합니다. 도전하고 모험해야 하는 것입니다. 꿈을 꿀 뿐만 아니라 그 꿈을 위해 열정으로 도전하고 모험하는 인생을 살아야 한다고 하나님은 말씀하십니다. 광야와 사막을 어떻게 건너야 할지를 성경을 통해서 반복적으로 보여 주십니다.

"피하지 말고 도전해라! 안주하지 마라!"

아버지가 아이와 함께 동물원에 가서 낙타를 보여 주며 설명했다.

"낙타는 수십 리터의 물을 한꺼번에 먹고 그것을 비축해서 삼일 동안 물을 안 먹어도 돼. 그래서 물을 구할 수 없어도 사막을 건널 수 있는 동물이야. 지표면이 뜨거워도 다리가 길어서 더위를 덜 느끼고, 모래바람이 태풍처럼 불어올 때 눈과 귀에 털이 이중으로 되어 있어서 다 막을 수 있단다. 그래서 낙타는 사막을 건널 수 있는거야."

"아빠, 그런데 왜 동물원에 있는 거야?"

어린 아이 같은 질문이 중요합니다. 사막에서 모험해야 할 낙타가 왜 동물원에 있을까요? 하나님께서는 광야와 사막 같은 인생을 살아갈 수 있도록 우리를 만드셨습니다. 그런데 왜 우리는 동물원에 있느냐는 질문과 같습니다. 삶의 현장에서 도전하는 인생, 모험하는 인생을 살아야 합니다. 하나님께서는 우리를 도전하며 모험하는 인생으로 창조하셨는데 우리는 안주하고 있지는 않은가요? 하나님께서는 우리를 하나님의 형상대로 창조하셨습니다. 안주하도록 창조하지 않으셨습니다. 하나님께서는 우리가 삶의 어떤 길 가운데서도 도전하고 모험할 수 있도록 인도하고 계십니다.

〈사도행전〉 20장 22~24절을 봅시다.

> [22]보라 이제 나는 성령에 매여 예루살렘으로 가는데 거기서 무슨 일을 당할는지 알지 못하노라 [23]오직 성령이 각 성에서 내게 증언하여 결박과 환난이 나를 기다린다 하시나 [24]내가 달려갈 길과 주 예수께 받은 사명 곧 하나님의 은혜의 복음을 증언하는 일을 마치려 함에는 나의 생명조차 조금도 귀한 것으로 여기지 아니하노라

사도 바울은 예루살렘으로 가는 도중 에베소에 들릴 여유가 없었습니다. 그래서 에베소교회 장로들을 밀레도까지 부릅니다. 그리고 이야기합니다. 이 길을 가면 분명히 환난과 결박과 매맞음과 배고픔과 감옥과 죽음의 위협이 있겠지만 그래도 가겠다고 합니다. 얼마나 멋진 고백입니까? 이것이 하나님께서 사도 바울을 멋지게 사용하신 이유입니다. 그는 모험하고 도전했던 것입니다. 가지 말라고 말리는 사람들에게 사도 바울은 죽을 것도 각오했다고 고백합니다(행 21:12~13). 이 도전, 이 모험이 그의 인생을 멋지고 영광스럽게 만든 것입니다. 하나님이 함께하시는 증거와 흔적이 무엇인지를 경험하면서 살아갈 수 있도록 만든 것입니다. 주님은 사도 바울의 이야기를 통해 우리에게 말씀하십니다.
"앉아 있지 말아라! 일어서라! 도전하라! 모험하라!"

🍃 하나님의 모험

> 앞으로 이십 년 후에 당신은 저지른 일보다 저지르지 않은 일에 더 실망하게 될 것이다. 그러니 밧줄을 풀고 안전한 항구를 벗어나 항해를 떠나라. 돛에 무역풍을 가득 담고 탐험하고, 꿈꾸며, 발견하라. _마크 트웨인

배는 항구에 있을 때 가장 안전합니다. 그러나 배는 항구에 있기 위해서 만들어진 것이 아닙니다. 거친 파도와 바다를 항해하도록 만들어진 것이 배입니다. 배는 항해할 때 그 가치가 발휘되는 것입니다. 우리도

우리가 도전하고 모험할 때, 하나님이 나와 함께하시는 증거를 경험하고, 하나님과 더불어 사는 인생을 경험할 수 있다는 것입니다. 매일 매일 그저 그렇게 살아가서는 하나님을 느끼지 못합니다.

도전하지 않고 다람쥐 쳇바퀴 돌 듯 살 수 있습니다. 그것이 안전할지 모르겠습니다. 하지만 하나님은 우리로 하여금 살면서 만나는 거친 광야와 파도에 도전하도록 창조하셨습니다. 그런데 우리는 어떻게 하면 안전할 수 있을까를 생각합니다.

폴 투르니에라는, 스위스 제네바 출신의 의사가 있습니다. 그가 인격적으로 하나님을 만나면서 기독교적 관점으로 모든 것을 재해석하며 전인 치유를 연구하게 됩니다. 새로운 열정으로 인생의 2기를 살게 된 것입니다. 그는 《모험으로 사는 인생》이라는 유명한 책을 저술했는데, 이 책의 명제는 "인생은 하나님께서 지휘하시는 모험"이라는 것입니다.

하나님은 모험의 하나님이십니다. 창세기를 열면 "태초에 하나님이 천지를 창조하시니라"라고 선언합니다. 얼마나 멋진 선언입니까? 이것은 바로 모험, 해보지 않은 것에 대한 도전입니다.

> 세상을 창조한 것은 얼마나 대단한 모험인가! 하나님은 자유의사로 그러나 전적으로 창조 사역에 자신을 바치셨다. 얼마나 큰 헌신인가? 그래서 인간은 전적으로 모험에 몸을 바칠 때 신성함을 느낀다.

하나님께서는 모험의 하나님이기 때문에 우리가 도전하고 모험할 때, 하나님이 나와 함께하시는 증거를 경험하고, 하나님과 더불어 사는 인생을 경험할 수 있습니다. 매일 매일 그저 그렇게 우리 인생을 살아가서는 하나님을 느끼지 못합니다. 도전하고 모험하며 살아갈 때 하나님의 임재를 체험하며 "하나님이 나와 이렇게 함께하시는구나!"를 경험할 수 있습니다.

새 대통령이 당선되면서 '미래창조과학부'를 창설한다고 하니 조계종에서 다음의 성명을 냈다는 기사를 읽었습니다.

최근 "대통령직 인수위원회가 신설키로 한 미래창조과학부가 기독교 창조론을 연상시키기 때문에 강력히 반대한다"는 입장을 밝혔다. 혜용 조계종 종교평화위원장은 "정부부처 명칭에 부적절한 단어를 써서 종교간 갈등의 소지를 제공했다"고 비판했다. 종교평화위원회는 조계종 총무원장 직속기구로 그동안 미션스쿨 내 신앙교육 금지, 교회 내 투표소 설치 반대, 국가조찬기도회 중단 등을 주장해 왔다. "창조 과학이라는 반시대적 사상을 바탕으로 대한민국 과학 기술의 발전을 도모한다면 국제적 망신을 자초할 수 있다"며 이름을 바꾸라고 탄원서를 제출했다.

여기서 볼 수 있는 중요한 것은, 다른 종교가 창조를 폄하한다는 것입니다. 그러나 성경은 첫 장 첫 절에서 "태초에 하나님이 천지를 창조하시니라"고 말씀합니다. 하나님께서는 창조의 하나님, 능력의 하나님, 모험의 하나님이십니다. 하나님께서는 욕심을 버리고 문제와 갈등을 만나면 피하라고 말하지 않으십니다. 하나님은 도전하고 모험하는 것이 우리 인생이라고 말씀하십니다. 그리고 그렇게 도전하는 사람들, 모험하는 자들을 하나님께서는 사용하셨습니다.

아브라함과 모세가 그렇습니다. 사도 바울도 그랬습니다. 하나님께서 사용하셨던 사람들을 보면 그들 인생과 조건이 문제가 아니었습니다. 얼마나 꿈을 꾸며 도전했는가였습니다. 주님께서 우리에게 말씀하십니다. 그저 그렇게 인생 살지 말고 도전하는 인생 살라고 말입니다.

🍃 용서하는 모험, 지는 도전

폴 투르니에는 모험에는 양적 모험과 질적 모험이 있다고 이야기했습니다. 보통 사람은 양적 모험에만 관심이 있습니다. 양적 모험이라는 것은 수치로 나타낼 수 있거나 눈으로 확인하고 잴 수 있는 모험들입니다. 수익률이나 연봉, 승진과 같이 가시적으로 보여지는 것들입니다. 사람들은 이 모험만 중요한 모험이라고 생각합니다. 그것도 중요하지만 그 모험에만 몰입하면 악순환이 되어 잘못된 중독에 빠지게 됩니다.

그래서 정말 목숨을 걸어야 할 것은 양적인 모험이 아니라 질적인 모험입니다. 질적인 모험은 눈으로 측정할 수 없습니다. 많은 이가 수적으로 계산 가능한 모험은 하지만, 수치상으로 파악할 수 없는 모험은 도전해 본 적이 없습니다. 어떤 모험에 도전해야 할까요? 특별히 '사람과의 관계'에서 모험해야 합니다. 가시적으로 측정할 수 있는 어떤 소유들이 행복을 가져다 주는 것이 아닙니다. 우리의 행복은 관계에 있습니다. 하나님과의 관계와 더불어 이웃과의 관계, 나 자신과의 관계 말입니다. 사랑하고, 섬기고, 나누는 모험을 해보십시오. 제 경우에도 그런 종류의 모험을 할 때 하나님께서 멋진 인생의 감격과 환희를 가져다 주셨습니다. 우리가 도전해야 할 모험은 질적 모험입니다. 그런데 많은 이가 이것을 무시하고 있습니다. 너무 숫자 놀음만 하고 있기 때문입니다.

제가 섬기는 성광교회는 숫자적인 목표를 갖고 있지 않습니다. 숫자적인 목표보다 질적 목표가 더 중요하기 때문입니다. "내가 얼마나 섬기느냐, 내가 얼마나 용서하느냐"가 중요합니다. 용서하는 것도 모험입니다. 그렇게 나를 힘들게 한 사람을, 나를 어렵게 하고 상처 줬던 그 사람을 용서하는 것이 모험입니다. 주님께서는 사랑의 모험을 하고, 용서의 모험을 하고, 나눔의 모험을 하라고 말씀하십니다. 숫자적으로 파악할 수 없는 질적인 모험에 도전하라고 말씀하시는 것입니다.

몇 주전에 어떤 목사의 고백을 들었습니다. 다른 곳에 가서는 아무 한테도 안 지지만 집에서 부인에게는 지기로 결심하셨다는 것입니다. 굉장히 강한 분인데 지는 것을 위해 기도하고 있다고 합니다. 최근 그 목사를 만난 모든 사람들은 이구동성으로 정말 따뜻해졌다고 합니다. 논리적으로 따지고 싸우면 이길 수 있습니다. 하지만 지기를 도전하는 이 도전만큼 멋진 도전은 없습니다. 우리가 놓치고 있는 것이 바로 이것입니다. 양적인 도전에 함몰되어 질적인 도전을 할 줄 모릅니다. 때문에 우리의 인생이 피곤한 것입니다. 건조하고 따분하고 지루합니다. 더 쉽게 절망하는 것입니다.

우리는 살면서 누군가와 관계를 맺게 됩니다. 그중 특별히 예수님을 믿지 않는 사람들과의 관계를 깊이 생각하며 도전하기 바랍니다. 가족 중에서 친구 중에서 그런 사람이 있는가를 생각해 보십시오. 여러분이 매일 다니는 단골 가게, 그리고 주변에 자주 발길이 닿는 그곳에서 자주 만나는 이들을 생각해 보십시오. 버스에서 만나는 그 사람, 함께 카풀하는 사람, 자주 만나는 그 사람들을 내가 사랑하고 섬기겠다는 도전이 정말 필요합니다. 여러분의 가족, 동료, 단골 가게의 누구 혹은 친구 등 사람들의 리스트를 만들어 봅시다. 섬기겠다는 도전을 실행하며 함께 기도합시다. 숫자적인 소유를 향해서만 헐떡이면 늘 피곤하고 힘이 듭니다. 가치를 향해 열망과 열정을 가지고 도전할 때 우리의 삶은 늘 새로울 수 있습니다.

하나님께서는 우리의 손을 잡고 다시 일으키면서 도전하자고 말씀하십니다. 원수 같은 그 사람을 한번 사랑해 보겠다고, 마음에 큰 상처를 주어 힘들게 했던 그 사람을 용서해 보겠다고 도전해 보십시다. 이것을 통해 인생의 의미가 무엇인지 가치가 무엇인지. 하나님의 능력이 무엇인지, 하나님이 함께하시는 증거가 무엇인지를 경험할 수 있는 것입니다.

주님은 항구에만 머물러 있는 어리석은 인생이 아니라 거친 바다를 항해하는 배가 되라고 말씀하십니다. 하나님께서 각자의 마음속에 무엇을 말씀하시든 그 음성을 들을 수 있기를 바랍니다.

🍃 다시 십자가 앞에

모험에 반드시 따라오는 것이 있습니다. 두려움입니다. 목사라고 해서 두려움이 없는 것이 아닙니다. 그런데 두려워하는 이유 중 하나는 이해해 주는 사람이 없기 때문입니다. 하나님 앞에 이 도전과 모험을 하리라 마음먹지만 아무도 이해해 주는 사람이 없을 때 두려움을 느낍니다. 때로는 과거의 실패 때문에 두려워합니다. 과거에 실패했는데 이게 될까 하는 두려움이 있습니다. 그리고 어떤 일이 일어날지 모르는 불확실성 때문에 두려워합니다. 그러나 두려워하는 마음이 있다면 그는 모험할 줄 아는 사람입니다. 모험하지 않는 사람은 두려워할 일이 없습니다. 모험하려면 반드시 두려움이 따라옵니다. 하지만 누구나 매일 경험하는 두려움에 발목 잡혀서는 안 됩니다.

그러기 위해 우리 인생을 다시 십자가 앞에 세워야 합니다. 내가 하려고 하지 마십시오. 그것은 힘들고 피곤한 인생을 사는 것입니다. 우리 삶을 다시 십자가 앞에 내려놓는 것입니다. 십자가는 당시 사람들이 봤을 때는 완벽한 실패였습니다. 실패의 정점이었습니다. 그러나 십자가가 인류 최고의 승리라는 것을 이제는 사람들이 알게 됐습니다. "실패를 경험했다고? 아니야 그것을 통해 승리가 무엇인지를 너에게 보여 줄 거야!" 하고 주님은 십자가를 통해서 우리에게 말씀하고 계십니다.

내가 도전하고 모험하려고 할 때 사람들은 이해해 주지 않습니다. 손가락질합니다. 그때문에 상처받고 마음이 힘든 경험들을 합니다. 그러나 주님의 십자가를 바라보면, 십자가에 달려 조롱당하셨던 그분께서,

오해받으셨던 그분께서 우리의 마음이 어떤지를 이해하고, 만지시고, 치유하십니다. 미래에 대한 보장이 없는 것 같을지라도 하나님께서는 십자가를 통해 역전의 드라마를 써주십니다. 그래서 우리는 언제나 십자가 앞에 서야 합니다. 십자가만이 우리의 희망입니다. 우리 스스로는 모험할 수 없습니다. 모험하다가 포기하고 절망하며 더 심각한 상처를 받을 수밖에 없습니다. 그러나 갈보리 언덕 위 십자가 앞에 설 때, 그 십자가 붙들고 모험하고 도전할 때 하나님께서 모든 두려움을 물리쳐 주십니다. 당당하고 멋지고 열정적으로 도전하며 모험할 수 있도록 우리를 만들어 주십니다. 우리의 희망은 십자가입니다.

다시 그 십자가를 만났으면 좋겠습니다. 우리의 마음을 치유하고 회복시키며 만져 주셔서, 다시 강하게 하고 도전하게 만드는 십자가를 경험하길 바랍니다. 역전의 드라마를 만들어 주시는 갈보리 언덕의 그 십자가만이 우리의 능력입니다.

✦ 우리들의 나침반

[22]보라 이제 나는 성령에 매여 예루살렘으로 가는데 거기서 무슨 일을 당하는지 알지 못하노라 [23]오직 성령이 각 성에서 내게 증언하여 결박과 환난이 나를 기다린다 하시나 [24]내가 달려갈 길과 주 예수께 받은 사명 곧 하나님의 은혜의 복음을 증언하는 일을 마치려 함에는 나의 생명조차 조금도 귀한 것으로 여기지 아니하노라 _ 〈사도행전〉 20:22~24

찬양 듣기

#05

환경을
탓하지 마십시오

사막에는 비가 거의 오지 않습니다. 또한 일교차가 큽니다. 낮에는 너무 덥고 밤에는 정말 춥습니다. 그리고 모래 폭풍이 붑니다. 사막의 모래는 푹푹 발이 빠집니다. 바닷가의 모래와 다르게 굉장히 고와서 경사가 조금이라도 있으면 무릎까지 빠져 걷기가 아주 힘듭니다. 그곳에서 낙타가 삽니다. 낙타에게는 별명이 있는데 바로 '사막을 건너는 배'입니다. 사막은 낙타가 아니면 건널 수 없어서 사막을 건너는 배라고 한 것입니다.

그런데 낙타는 어떻게 사막에서 살 수 있을까요?

첫째, 1회에 50~60L의 물을 마시고 저장합니다. 얼마나 마시는지 그 양을 가늠할 수 있나요? 50~60L는 350ml 콜라병으로 170병입니다.

그러니까 낙타는 170병의 물을 마시고 보존할 수 있기 때문에 물이 없는 곳에 갈 수 있습니다.

둘째, 무려 500kg 이상의 짐을 싣고, 시속 4~5km로 30시간 쉬지 않고 갈 수 있습니다.

셋째, 낙타의 발이 커서 모래에 빠지지 않고, 부드러워서 사뿐히 모래를 걸을 수 있습니다.

넷째, 머리의 넓적한 뼈가 눈 둘레를 덮어 햇빛 가리개 역할을 합니다. 뜨거운 태양, 모래바람을 막을 수 있습니다.

다섯째, 짙은 속눈썹이 두 겹으로 되어 있어서 모래바람을 막아 줍니다.

여섯째, 코에 근육이 있습니다. 여러분 중에 손을 안 대고 코를 막았다 닫았다 할 수 있는 분이 계십니까? 아마 없을 것입니다. 사람의 코에는 살만 있지 근육이 없어서 그렇습니다. 그런데 낙타는 코에 근육이 있어서 모래바람이 불 때 마음대로 코를 닫았다 열었다 할 수 있습니다.

일곱째, 낙타의 입술이 두꺼워서 가시 달린 사막의 식물 선인장을 먹을 수 있습니다.

여덟째, 귀에 털이 있어서 모래바람이 불 때 귀로 모래가 안 들어갑니다.

아홉째, 다리가 깁니다. 한여름 낮에 바닥 온도가 60~70℃인데 위는 덜 뜨거우니까 긴 다리로 몸을 올려 살아남을 수 있습니다.

열째, 낙타 털은 단열효과가 매우 뛰어난 섬유의 보석입니다. 단열효과가 좋아서 날이 더울 때나 추울 때나 사용하기 좋습니다. 사막의 뜨거움과 추위을 견딜 수 있게 만들어 줍니다.

마지막으로 낙타는 체온이 6℃정도 올라가거나 내려가도 괜찮습니다. 인간은 그러지 못합니다. 35℃ 이하면 저체온증으로 위험하고, 40℃ 이상 올라가면 고열로 위험합니다. 그런데 낙타는 6℃까지 가능합니다 (여기까지 낙타를 연구하는데 책을 3권 읽었습니다).

이 낙타를 통해 보여 주는 하나님의 원리가 있습니다. 환경이 아무리 어려워도 낙타가 준비되어 있으면 그 사막을 건널 수 있다는 것입니다. 그러니까 환경이 문제가 아니라 내가 문제라는 것입니다.

🍃 사막을 건너는 배

내가 준비되면 됩니다. 그런데 우리는 자꾸 환경을 탓합니다. 부모가 어떻고, 배우자가 어떻고, 나라와 사회가 어떻고 하면서 자꾸 탓을 합니다. 다른 사람에 비해 없는 것을 찾으며 자신의 환경을 탓합니다. 어떤 사람은 조상까지 탓합니다. 그래서 조상묘가 잘못됐다며 묘를 옮기기까지 합니다.

그런데 환경이 아니라 내가 중요합니다. 알코올 중독에 걸린 아버지 밑에서 자란 사람들을 여러 명 만났습니다. 아주 극명하게 둘로 갈립니다. 한 부류는 똑같이 알코올 중독자가 됩니다. 다른 한 부류는 전혀 술과는 관계없는 삶을 살아갑니다. 똑같은 환경에서 자랐지만 내가 어떻게 반응하느냐가 중요한 것입니다. 우리는 자꾸 환경을 보면서 핑계를 댑니다. 그런데 그 핑계를 쓰레기통에 버려야 합니다. 이 핑계는 분리 수거할 필요도 없습니다. 그냥 완전히 버리십시오.

빛나는 별을 이야기하면서 꿈과 비전에 대해 나눴습니다. 그리고 낙타가 자기를 힘들게 하는 태양을 향해 맞섰던 모습을 보면서 도전하자는 말씀을 드렸습니다. 지금은 꿈을 가지고 도전하는데, 자꾸 앞뒤 좌우를 바라보면서 핑계를 대고 거기 주저앉아 있지는 않은지 살펴보려고 합니다. 하나님은 낙타를 통해 환경이 아니라 내가 중요하다고 말씀하십니다.

신학교 마지막 학기 때 목사는 죽을 때까지 연구하는 사람이라는 것을 깨달았습니다. 4학년 마지막 학기를 다니면서 학교생활에 충실하지 못한 것을 후회하면서 다시 공부를 열심히 해봐야겠다 결심했습니다. 학교는 대전에 있고 교회 사역은 서울에서 하니 공부가 안 된다 싶어서 하던 사역을 다 내려놓고 기숙사에 들어갔습니다. 어떻게 됐을까요? 공부를 진짜 잘할 것 같았는데, 잡념이 들면서 더 안 됐습니다. 여러분도 경험해 보셨을 겁니다. 어느 날 하루 종일 할 게 아무것도 없어서, 책을 읽어야겠다 하면 책이 안 넘어갑니다. 책 한 권 보기 힘듭니다. 그런데 바쁠 때 시간을 쪼개 한 시간을 만들었다면, 그 시간 안에 하려는 의지와 집중력을 가지게 때문에 책 한 권을 쉽게 뗄 수 있습니다. 공부를 잘하려면 집중력이 있어야 합니다. 환경 탓하지 마십시오. 환경이 조성되면 할 수 있다는 얘기는 우스운 것입니다. 안 좋은 환경에도 도전할 수 있는 것이 진짜 멋진 인생을 사는 것입니다.

환경을 탓하는 사람은 게으른 사람이며, 겁쟁이이고, 불평과 분노가 있는 사람입니다. 환경을 탓하는 사람은 늘 상처받습니다. 그러나 건강한 자화상이 있는 사람은, 내가 준비된 사람은 절대 상처받지 않습니다. 상처는 누가 주는 것이 아닙니다. 내가 받는 것입니다. 그리고 환경 탓하는 사람은 믿음이 없는 사람입니다. 불행한 인생을 살게 되어 행복을 경험하지 못합니다. 우리는 누구나 할 것 없이 외부의 공격과 위협과 스트레스를 경험하면서 살아갑니다. 저도 여러분도 마찬가지입니다. 그런데 주님께서는 환경이 문제가 아니라 환경에 정복되는 내가 문제라고 말씀하십니다. 환경을 정복하는 자가 돼야 한다는 것입니다. 〈빌립보서〉 4장 11~13절입니다.

> [11]내가 궁핍하므로 말하는 것이 아니니라 어떠한 형편에든지 나는 자족하기를 배웠노니 [12]나는 비천에 처할 줄도 알고 풍부에 처할 줄도 알아 모든 일 곧 배부름과 배고픔과 풍부와 궁핍에도 처할 줄 아는 일체의 비결을 배웠노라 [13]내게 능력 주시는 자 안에서 내가 모든 것을 할 수 있느니라

사도 바울은 배고픔과 궁핍과 문제와 아픔, 비천에 처하고 손가락질 당하는 수많은 상황 가운데 그것을 이길 수 있는 비결을 배웠다고 했습니다. 그런 문제를 피한 것이 아닙니다. 문제를 만났지만 그 문제가 나에게는 더 이상 문제가 아니라는 것입니다. 사도 바울의 생애를 기억해 보십시오. 하나님의 일을 감당하면서 기가 막힌 어려운 일들을 많이 만났습니다. 조롱받고, 맞기도 많이 맞았습니다. 죽기 일보 직전까지 맞았습니다. 감옥에 갇히기도 하였습니다. 그런데 이런 것이 문제 되지 않았

습니다. 능력 주시는 자 안에서 모든 것을 할 수 있기 때문입니다. 자신은 안 되지만 하나님이 함께하시기 때문이라는 것입니다. 환경에 흔들리는 자가 아니라 환경을 오히려 정복합니다. 그래서 홍해가 갈라지고 여리고 성이 무너지는 것을 삶으로 경험한다는 것입니다.

여러분 살아가면서 주변이 황량할 때가 있습니다. 파도가 일고 풍랑이 치며 눈보라와 비바람이 몰아칠 때가 있습니다. 앞뒤 좌우가 다 막혀 도저히 빠져나갈 구멍이 없을 때가 있습니다. 그러한 환경 앞에서 어떤 자세로 우리의 인생을 살아야 할까요?

🍃 환경에 반응하는 두 가지 방법

이스라엘 민족이 출애굽하여 가나안으로 가는 과정에서 제일 먼저 만난 관문은 홍해였습니다. 그들이 홍해 앞에서 지체하고 있습니다. 건너야 하는데 방법이 안 보입니다. 그런데 바로가 보낸 군대가 뒤쫓아오고 있습니다. 그 군대는 훈련된 마병으로, 제대로 된 무기를 가졌습니다.

그런데 이스라엘 백성은 아무것도 없었습니다. 앞으로도 안 되고 뒤로도 안 됩니다. 진퇴양난입니다. 이런 상황을 만났을 때 여러분의 마음이 어떨까요? 〈출애굽기〉 14장 11~14절을 보십시오.

> [11]그들이 또 모세에게 이르되 애굽에 매장지가 없어서 당신이 우리를 이끌어 내어 이 광야에서 죽게 하느냐 어찌하여 당신이 우리를 애굽에서 이끌어 내어 우리

에게 이같이 하느냐 ¹²우리가 애굽에서 당신에게 이른 말이 이것이 아니냐 이르기를 우리를 내버려 두라 우리가 애굽 사람을 섬길 것이라 하지 아니하더냐 애굽 사람을 섬기는 것이 광야에서 죽는 것보다 낫겠노라 ¹³모세가 백성에게 이르되 너희는 두려워하지 말고 가만히 서서 여호와께서 오늘 너희를 위하여 행하시는 구원을 보라 너희가 오늘 본 애굽 사람을 영원히 다시 보지 아니하리라 ¹⁴여호와께서 너희를 위하여 싸우시리니 너희는 가만히 있을지니라

사람들이 두 종류로 갈립니다. 모든 이스라엘 백성은 불평합니다. 도대체 왜 우리를 여기까지 인도해서 객사시키려 하느냐! 애굽 사람을 섬기면서 살 수 있었는데 도대체 이게 뭐냐! 우리가 여기서 비참하게 죽어야 하느냐! 그들은 불평하고 원망합니다. 환경을 바라보기 때문입니다. 그들은 지금 환경에 정복된 것입니다. 불평하고 원망하니까 어떻게 되었는지 아십니까? 그들이 두려워했다고 합니다. 두려움과 염려는 환경에 정복당해서 생기는 것입니다. 불평하고 절망하며, 두려워하고 낙담하여 어쩔 줄 모르는 이스라엘, 그들은 환경에 정복당했습니다. 그런데 여기 모세라는 사람의 선언을 들어보십시오.

"두려워하지 말고, 오늘 우리를 위하여 싸우시는 하나님의 구원의 역사를 바라보라. 오늘 본 애굽 사람을 다시 못 볼 것이다."

그는 환경에 정복당하지 않고 하나님을 먼저 바라봤습니다. 그리고 환경을 주님의 이름으로 정복했습니다.

똑같은 상황에서 어떤 사람은 담대합니다. 자신감이 있습니다. 어떤 사람은 불평하고 원망합니다. 다른 상황이 아닙니다. 똑같은 상황인 것입니다. 내가 준비되어 있으면 되는 것입니다. 결국 모세는 하나님 앞에

서 홍해가 갈라지는 기적을 경험합니다. 하나님께서 우리에게 똑같이 하시는 말씀이 있습니다.

하나님의 사람들은 환경을 예수 그리스도의 이름으로 정복하는 자들이 돼야 한다는 것입니다. 그런 믿음으로 인생을 세워갈 때 우리 삶에서 홍해가 갈라지는 것을 경험할 수 있습니다. 여리고가 무너지는 사건이 우리 현실이 됩니다. 홍해가 갈라지고 여리고가 무너지는 것이 성경의 이야기로 끝나는 것이 아니라 우리 삶의 현장에서 그대로 경험되기를 하나님께서 원하시는 것입니다. 모세를 통해서 하나님이 우리에게 주시는 말씀입니다.

"네가 광야의 길을 걷고 있구나. 앞뒤 좌우 동서남북을 바라보더라도 무엇을 얻을 길이 없구나. 모든 것이 황량하구나. 힘들고 절망스럽구나. 그러나 환경 탓하지 마라. 환경을 이길 수 있는 자가 돼야 한다."

> ¹²형제들아 내가 당한 일이 도리어 복음 전파에 진전이 된 줄을 너희가 알기를 원하노라 ¹³이러므로 나의 매임이 그리스도 안에서 모든 시위대 안과 그 밖의 모든 사람에게 나타났으니 ¹⁴형제 중 다수가 나의 매임으로 말미암아 주 안에서 신뢰함으로 겁 없이 하나님의 말씀을 더욱 담대히 전하게 되었느니라 _ 빌 1:12~14

〈빌립보서〉는 옥중 서신입니다. 옥에서 썼기 때문입니다. 그런데 〈빌립보서〉를 기쁨의 서신이라고도 합니다. 사도 바울이 되어 보십시오. 하나님의 일을 하려고 예루살렘을 시작으로 시리아, 레바논, 터키로 해서 근동 지역을 돌아다니며 복음을 전하고 있습니다. 하나님의 일을 하려고 그의 모든 것을 포기했습니다. 그런데 그 결과가 감옥에 갇힌 것입니다. 저라면 하나님께 불평했을 것 같습니다.

"하나님 도대체 이게 뭡니까? 내가 가야 할 곳이 얼마나 많은데 감옥에 갇히다니요. 꼼짝 못하는 곳에 저를 몰아넣다니요? 예배드리고, 전도하고, 훈련도 시켜야 하는데 나를 여기서 꼼짝 못하게 만들다니요? 하나님 도대체 생각이 있으신 것입니까?"

이렇게 불평하며 감옥에서 절망하고 있었을 것입니다. 그런데 그는 그 감옥에서 감사하다고, 오히려 내가 주 안에서 기뻐한다고 이야기합니다. 자신에게 닥친 환경이 문제가 아니라고 이야기하는 것입니다. 결국 그가 어떻게 됐습니까?

🌿 우리는 낙타입니다

〈빌립보서〉의 4장에 나오는 사도 바울의 고백을 들어보십시오.

> ²¹그리스도 예수 안에 있는 성도에게 각각 문안하라 나와 함께 있는 형제들이 너희에게 문안하고 ²²모든 성도들이 너희에게 문안하되 특히 가이사의 집 사람들 중 몇이니라 ²³주 예수 그리스도의 은혜가 너희 심령에 있을지어다

나와 함께 있는 성도들이 문안을 전한다고 하는데 그 성도 중에 가이사의 집 사람들이 몇 있다고 합니다. 여기서 가이사는 카이사르입니다. 카이사르의 집안에 있는 사람들 가운데 예수 믿는 사람들이 생겼다는

낙타는 모든 게 다 준비되어 있기 때문에 황량한 사막을 건널 수 있습니다. 여러분이 누군지 아십니까? 지금 사막에 섰다면 여러분 자신이 낙타라는 것을 기억하시기 바랍니다. 하나님께서 여러분을 사막의 낙타로 만드셨습니다.

것이며, 그들 역시 빌립보교회에 안부를 전한다는 것입니다.

예수 믿던 사람들을 박해하던 로마입니다. 그래서 사도 바울도 갇혀서 동서남북 앞뒤 좌우가 다 막혀 버렸습니다. 그러나 그는 환경 때문에 원망하거나 두려워하지 않았습니다. 어떻게 했습니까? 오히려 그는 환경을 넘어서서 멋진 하나님의 역사를 이루어 냈습니다. 그 당시에 로마 감옥은 황제의 친위대가 8시간씩 3교대로 감옥을 돌면서 24시간 감시했습니다. 그런데 바울은 그들에게 예수님을 소개하기 시작했습니다. 감옥에서 말입니다.

자기를 감시하는 황제의 친위대들이 복음을 알게 됐습니다. 뚫을 수 없는 황제의 집안까지 복음의 물줄기가 흘러갈 수 있도록 하나님께서 만드신 것입니다. 다 막힌 거 같았는데 모세 앞의 홍해가 갈라지듯 더 멋지게 복음의 물줄기가 친위대를 통해서 황제의 황실로 흐르기 시작했고, 황제의 가족들 중에 예수 믿는 사람들이 생겨나기 시작했다는 것입니다. 창과 칼로 예수 믿는 사람들을 공격하며 핍박했던 로마였습니다. 그런데 아무것도 없이 그 앞에 서 있던 사도 바울을 비롯한 하나님의 사람들 때문에 로마는 교회에 무릎을 꿇게 됐습니다.

하나님께서 우리에게 주시는 분명한 메시지가 이것입니다. 환경에 정복되지 말라는 것입니다. 환경 탓하지 말라는 것입니다. 환경을 바라보며 살면 그 환경 때문에 불평하고, 원망하고, 두려워하게 됩니다. 게다가 게을러지게 되어 그냥 그렇게 살 수밖에 없는 불행한 인생이 되는 것입니다. 모세와 사도 바울을 통해 우리에게 하시는 주님의 말씀입니다.

"예수 그리스도의 이름으로 환경을 정복하는 인생을 살아라."

바울을 통해서 수많은 사람이 주님 앞으로 돌아오고 로마가 복음 앞에 무릎을 꿇게 됐습니다. "환경이 문제가 아니다. 내게 능력 주시는 자 안에서 모든 것을 할 수 있다"는 사도 바울의 고백처럼 우리가 준비될 때, 믿음으로 인생을 세울 수 있을 때 우리는 거기서 홍해가 갈라지는, 여리고가 무너지는 하나님의 기적을 경험할 수 있습니다.

낙타는 모든 게 다 준비되어 있기 때문에 황량한 사막을 건널 수 있습니다. 여러분이 누군지 아십니까? 십자가의 보혈로 주님께서 목숨 걸고 구원하신 존재입니다. 십자가의 보혈로 구원받은 하나님의 사람이 바로 여러분입니다. 하나님이 여러분을 사랑하십니다. 그냥 환경에 정복된 채로, 그 환경에 억눌린 채로 불행하게 사는 모습을 주님께서 보고 싶으실까요? 아닙니다. 그래서 모세와 사도 바울을 통해서 보여 주시는 하나님의 마음과 심장이 바로 이것입니다.

하나님께서 여러분에게 지혜와 능력을 주십니다. 여러분, 지금 사막에 섰다면 여러분 자신이 낙타라는 것을 기억하시기 바랍니다. 가다가 지쳐서 쓰러져 죽는 소나 말이 아닙니다. 하나님께서 여러분을 사막의 낙타로 만들어 주셨습니다. 살아가면서 어떤 상황과 문제를 만난다 할지라도 거기서 하나님의 기적을 경험할 수 있는 것입니다. 그래서 있는 자리가 천국이 됩니다. 죽어서 가는 천국과 함께 이땅에서도 천국을 경험하는 인생, 천국 지점의 인생을 우리가 사는 것입니다.

내 영혼이 은총 입어 중한 죄 짐 벗고 보니

하나님의 은혜로 용서받아 구원받은 백성이 되고 보니,

슬픔 많은 이 세상도 천국으로 화하도다

예수 없이는 슬픔과 눈물이었습니다. 좌절과 한숨이었습니다. 그러나 이제는 천국이 되었습니다. 내 앞에서 홍해가 갈라지는 하나님의 기적을 경험합니다. 천국을 경험하는 인생을 살고 있습니다.

할렐루야 찬양하세 내 모든 죄 사함 받고
주 예수와 동행하니 그 어디나 하늘나라

이제는 내 발 닿는 곳이 하늘나라, 천국입니다. 하나님의 기적을 경험하니까, 하나님의 능력과 하나님이 함께하시는 증거를 체험하니까 그렇습니다. 환경 때문에 번뇌하고 좌절하며, 두려워하고 원망하는 인생에서 일어나기 바랍니다. 하나님께서는 우리를 사랑하시기에, 우리의 모든 삶에서 환경을 정복하며 하나님이 누구신지를 경험하도록 만들어 주셨습니다. 믿음으로 일어서서 예수 그리스도의 이름으로 환경을 정복하며 승리하는 멋진 인생이 됩시다.

12형제들아 내가 당한 일이 도리어 복음 전파에 진전이 된 줄을 너희가 알기를 원하노라 13이러므로 나의 매임이 그리스도 안에서 모든 시위대 안과 그 밖의 모든 사람에게 나타났으니 14형제 중 다수가 나의 매임으로 말미암아 주 안에서 신뢰함으로 겁 없이 하나님의 말씀을 더욱 담대히 전하게 되었느니라

_〈빌립보서〉1:12~14

찬양 듣기

Part 2
사막에
흐르는 강물

#06

외로움을 고독으로
만드는 인생

사람들이 인생을 살며 가장 힘들어하는 감정은 '외로움'입니다. 어쩌면 우리가 겪게 되는 모든 문제 앞에서 분노하고 화내는 것들이 외로움에서 출발하는지 모릅니다. 광야와 사막을 생각할 때 제일 먼저 떠오르는 이미지는 바로 외로움입니다. 우리의 삶이 광야와 사막을 건너는 것과 같아서 우리는 자신도 모르게 가지고 있는 외로움이 많습니다.

오르탕스 블루(Horstense Vlou)의 시 〈사막〉은 사막에서 느끼는 외로움을 이렇게 표현하고 있습니다.

그 사막에서
그는 너무나 외로워

때로는 뒷걸음질로 걸었다.
자기 앞에 찍힌 발자국을
보려고

외로움은 혼자라는 느낌, 관계로부터의 소외감, 쓸쓸한 무력감입니다. 최근 자살한 연예인의 페이스북에 이렇게 쓰여 있었습니다.

"아무것도 위로가 안 돼."

"아침에 일어나서 눈을 뜨는데 사막에 홀로 서 있는 기분."

얼마나 외로웠으면 이렇게 쓰고 자살했을까 하는 생각이 듭니다.

그런데 이 외로움은 그 사람만의 문제가 아닙니다. 경중의 차이는 있지만, 누구나 외로움을 경험합니다. 〈시편〉을 읽다 보면 〈시편〉 기자들이 하나님 앞에서 자신의 감정을 정직하고 투명하게 드러내는 모습을 볼 수 있습니다. 〈시편〉 31편 11~13절은 이렇게 이야기합니다.

> [11]내가 모든 대적들 때문에 욕을 당하고 내 이웃에게서는 심히 당하니 내 친구가 놀라고 길에서 보는 자가 나를 피하였나이다 [12]내가 잊어버린 바 됨이 죽은 자를 마음에 두지 아니함 같고 깨진 그릇과 같으니이다 [13]내가 무리의 비방을 들었으므로 사방이 두려움으로 감싸였나이다 그들이 나를 치려고 함께 의논할 때에 내 생명을 빼앗기로 꾀하였나이다

문제 앞, 대적들의 공격 앞에 있습니다. 그런데 알고 있는 사람들이 다 자신을 피합니다. 무덤에 있는 사람처럼 취급받으니 외롭고 두려워 분노하게 됩니다. 사실 두려움과 분노는 외로움 때문에 생기는 것입니

다. 〈시편〉 102편 7절은 "내가 밤을 새우니 지붕 위의 외로운 참새 같으니이다"라고 말합니다. 너무 외로워서 하얗게 뜬 눈으로 밤을 새웠다는 것입니다.

우리가 외로운 가장 큰 이유는 나를 완전히 이해하는 사람이 없기 때문입니다. 함께 있어도 나 자신을 알고 이해할 사람이 없어서 외로운 것입니다. 어느 날 약속이 있어서 카페에 들어갔습니다. 그 까페에는 세 무리가 있었습니다. 4~5명씩 같이 커피를 마시며 앉아 있는데, 모두 한결 같이 고개를 숙이고 핸드폰을 두드리고 있었습니다. 몸은 같이 있어도 함께 호흡하지 않는 것입니다. 이것이 우리의 삶을 외롭게 만듭니다.

남편이나 아내가 다 이해하지 못합니다. 남자는 여자가, 여자는 남자가 안 되어 봤기 때문입니다. 그 차이에서 오는 외로움이 큽니다. 여자는 남자와 함께 쇼핑하고 싶어합니다. 남자는 그런 여자를 이해하지 못합니다. 그때마다 아내들은 남편이 남 같아서 외로움을 느낍니다. 남편은 집에 들어와서 스포츠 중계를 시청하고 싶습니다. 아내는 그런 남편을 이해하지 못합니다. 그래서 남편은 TV를 보면서도 외로움을 느낍니다. 서로에게 벽이 있습니다.

이처럼 같이 있어도 함께 살아도 나와 다르기 때문에, 나를 이해해 주지 못하기 때문에 외로움을 느끼는 경우가 많습니다. 외로움은 사실 멀리 있는 사람 때문에 느끼는 것보다, 가까이 있는 사람 때문에 더 느끼게 됩니다. 이것이 인생의 아이러니입니다.

🍃 꿈꾸는 자에게 따라오는 것

사막의 별이 얼마나 아름다운지 말씀드리면서, 밤하늘의 별처럼 꿈을 꿔야 한다고 했습니다. 하나님께서 아브라함을 부르실 때도 그에게 별을 보여 주셨습니다. 별과 같은 꿈을 꿔라! 그래서 별은 꿈입니다. 그런데 꿈꾸는 자에게 반드시 따라오는 것이 있습니다. 그것은 바로 외로움입니다. 무엇인가에 도전하고 모험하며 꿈을 꿀 때 반드시 외로움을 경험합니다.

느헤미야를 생각해 보십시오. 그는 페르시아의 고관이었습니다. 오늘날로 말하면 대통령 비서실의 비서실장 정도의 사람입니다. 세계 최초로 아시아, 아프리카, 유럽을 정복한 대제국 페르시아의 고관이었습니다. 떵떵거리며 보장된 삶을 살 수 있었습니다. 그러나 성벽이 다 무너진 조국을 생각할 때마다 마음이 편치 않았습니다.

그래서 그는 조국으로 돌아가 성벽을 재건하는 꿈을 꿉니다. 그때부터 느헤미야의 외로움은 시작됩니다. 같이 있던 동료들이 이해하지 못합니다. 왜 거길 가느냐고, 아무도 이해하지 못합니다. 예루살렘에 가서도 모든 사람이 반겨 준 것은 아니었습니다. "저 사람은 뭐지? 페르시아의 스파이 아니야?" 하면서 경계했습니다. 선한 뜻을 가지고 시작하는데 그 마음을 이해하는 사람이 없었습니다.

더 나아가 산발랏과 도비야 같은 사람은 손가락질하고 조롱했습니다. 느헤미야가 꿈을 꾸지 않았다면 그런 외로움을 경험할 필요가 없었습니다. 꿈을 꾸고, 그 꿈을 이루기 위해서 다른 사람이 경험하지 못했던 외로움을 경험할 수밖에 없었던 것입니다. 이처럼 꿈을 꾸고 인생을 새롭게 설계하면 반드시 외로움이 따라오는 것입니다.

리더가 되고, 많은 사람 앞에 서는 사람일수록 더 외롭습니다. 목사인 저도 외로움을 경험합니다. 앞에서 사람들을 인도하려면 사람들이 보지 못하는 앞의 것들을 보아야 하기 때문입니다. 지금보다 몇 년 앞을 생각합니다. 보이지 않는 것을 먼저 봐야 하기 때문입니다. 그런데 그것을 이해하는 사람이 없습니다. 그러니 더 외로운 것입니다. 아무도 걷지 않은 길을 먼저 걷는 것이 바로 외로움인 것입니다. 꿈을 꾸면 꿀수록 인생을 살면 살수록 더 외로워지는 것 같습니다.

그렇다면 우리가 어떻게 외로움을 극복할 수 있을까요? 에리히 프롬은 자신의 책에서 "관계를 맺으라"고 말합니다. 저는 책을 읽다가 약간 화가 났습니다. 멋진 말을 한 거 같지만, 사실은 맞지 않는 이야기입니다. 관계를 맺다 보면 더 외로움을 느낍니다. 그 사람에게 기대했던 것이 채워지지 않기 때문입니다. 관계를 맺지 않고 혼자 있는 게 더 나을 뻔한 일들이 많습니다. 따라서 이 말은 멋진 답 같지만, 정답이 아닙니다. 피상적으로 생각할 때 "외로우면 사람들과 관계를 맺으면 돼!"라고 하지만 답이 아닙니다. 관계를 맺으려고 할수록 그 관계 때문에 더 외로워지기 때문입니다. 가까운 사람들이 자신을 이해해 주지 못할 때 오는 외로움이 더 크기 때문입니다.

🍃 외로움과 고독

그렇다면 어떻게 해야 할까요? 성경을 읽다가 하나님께서 주신 통찰 가운데 하나는 '외로움'이 '고독'이 되어야 한다는 것입니다. 외로움을 고독으로 만들고 승화시켜야 합니다. 폴 틸리히란 사람을 소개하려고 합니다. 이 사람은 신학자요 철학자인데, 그는 외로움과 고독을 이렇게 정의했습니다.

> 외로움은 혼자 있는 고통, 고독은 혼자 있는 즐거움

둘 다 혼자 있지만 외로움은 혼자 있는 고통이고, 고독은 혼자 있는 즐거움입니다. 외로움은 부정적 감정입니다. 그러나 고독은 긍정적 감정입니다. 외로움은 수동적입니다. 사람들이 날 이해하지 못하니까 외롭고 쓸쓸하다고 느낍니다. 그러나 고독은 능동적입니다. 내가 선택하는 것입니다. 외로움은 문이 닫힌 혼자라고 표현할 수 있다면 고독은 문이 열린 혼자입니다. 외로움이 지하층의 감정, 어두운 감정이라면 고독은 지상층의 감정, 따뜻하고 환한 감정입니다. 그리고 외로움은 나를 얽매이게 만들지만 고독은 나를 자유하게 합니다.

외로움은 사람들로 하여금 분노하게 하고 다른 중독에 빠지게 만듭니다. 연예인들이 약물 중독이나 도박 중독에 빠지는 이유가 바로 외롭기 때문입니다. 이처럼 외로움은 우리를 얽매이게 합니다. 그러나 고독은 우리를 자유하게 합니다. 모든 것을 극복하고, 정복할 수 있도록 힘

을 줍니다.

그래서 우리는 외로움을 창조적 고독으로 승화시켜야 합니다. 성경적으로 다시 정리한다면, 외로움은 혼자 있다는 쓸쓸한 감정입니다. 고독은 하나님과 함께하는 혼자입니다. 외로움은 정말로 혼자입니다. 하지만 고독은 하나님과 함께하는 혼자입니다. 그리고 우리는 이 창조적인 고독을 경험해야 합니다.

하나님의 사람들에게도 모두 이런 경험이 있습니다. 야곱을 생각해 보십시오. 형에게로 갈 아버지의 축복을 가로챘기에, 형을 피해 도망갔습니다. 삼촌 라반의 집인 하란으로 가는데, 그곳까지 가는 길은 광야와 사막입니다. 그 과정을 〈창세기〉 28장 10~11절에서 이렇게 표현합니다.

> ^{10}야곱이 브엘세바에서 떠나 하란으로 향하여 가더니 ^{11}한곳에 이르르는 해가 진지라 거기서 유숙하려고 그 곳의 한 돌을 가져다가 베개로 삼고 거기 누워 자더니

그림이 그려지십니까? 도망자가 되어 광야와 사막을 건너가고 있습니다. 덮을 것은 물론이고 머리 벨 것도 없어 돌로 베개를 삼습니다. 이 상황 자체가 외로움입니다. 아무도 없습니다. 혼자입니다. 얼마나 마음이 힘들었을까요? 그런데 하나님께서 그에게 나타나십니다.

> 내가 너와 함께 있어 네가 어디로 가든지 너를 지키며 너를 이끌어 이 땅으로 돌아오게 할지라 내가 네게 허락한 것을 다 이루기 까지 너를 떠나지 아니하리라_창 28:15

주님께서 반복적으로 말씀하십니다. "내가 너와 함께하겠다. 내가 너를 지키겠다. 너를 이끌겠다. 내가 너를 떠나지 않겠다"고 말입니다.

> 야곱이 잠이 깨어 이르되 여호와께서 과연 여기 계시거늘 내가 알지 못하였도다_창 28:16

혼자라고 생각했는데 하나님께서 함께 계셨음을 고백하는 야곱. 그는 혼자였지만 하나님과 함께한 혼자를 야곱은 경험한 것입니다. 이것이 고독이라는 것입니다. 주변에 있는 모든 것을 뒤로하고, 그야 말로 키르케고르의 말처럼 하나님만 바라보는 '신 앞에선 단독자'가 된 것입니다. 그는 거기서 제단을 쌓았습니다. 그리고 그곳 이름을 벧엘이라고 정했습니다.

> 하나님 나는 혼자가 아닙니다. 이제부터 다른 사람 의지하지 않겠습니다. 혼자 있다고 외롭고 쓸쓸한 감정으로 내 인생을 그렇게 끝내는 것이 아니라, 내가 혼자이지만 하나님과 함께한 혼자가 되어 주님만을 갈망합니다. 주님만을 바라봅니다.

이것이 야곱의 고백이 됩니다. 그리고 여기서부터 인생의 새로운 드라마를 쓴 것입니다. 외로움을 외로움으로 끝내는 자가 있는가 하면 외로움을 창조적 고독으로 승화시키는 사람이 있습니다. 우리 모두 외롭습니다. 그러나 그 외로움이 외로움으로 끝나서는 안 됩니다. "그 외로

어떤 사건과 환경과 사람 때문에 우리의 외로움은 계속됩니다. 그런데 야곱은 이미 하나님의 방법을 배웠습니다. 그래서 의도적으로 사람들을 떠나 보내고, 혼자 남습니다. 외로움을 창조적 고독으로 만들고 있는 것입니다.

움의 자리에서 내가 너와 함께한다"고 하나님께서 말씀하십니다. 주님의 손을 붙잡고 혼자의 삶을 살아갈 수 있는 자는 다른 사람을 의지하지 않게 됩니다. 더 가난한 마음이 됩니다. 하나님만을 바라볼 수 있습니다. 그리고 그곳에서부터 인생의 새로운 드라마가 만들어지는 것입니다. 야곱의 인생을 하나님께서 축복하셨습니다. 야곱은 물질적으로 풍요해지고, 아내도 얻고 자식도 많이 얻었습니다. 그러나 풀리지 않는 가장 큰 문제가 남아 있습니다. 바로 형 에서와의 관계입니다. 고향으로 돌아가며 이제 더 이상 피할 수 없는 상황이 됐습니다. 그때 〈창세기〉 32장 24절은 이렇게 이야기합니다.

야곱은 홀로 남았더니 어떤 사람이 날이 새도록 야곱과 씨름하다가_창 32:24

야곱 홀로 남았습니다. 그런데 이 상황은 야곱이 의도적으로 만든 것입니다. 사람들을 다 떠나보냈습니다. 인생의 외로움은 한 번으로 끝나는 것이 아니라 계속 이어질 수 있습니다. 어떤 사건과 환경과 사람 때문에 우리의 외로움은 계속됩니다. 그런데 야곱은 이미 하나님의 방법을 배웠습니다. 그래서 의도적으로 사람들을 떠나보내고, 혼자 남습니다. 하나님만 바라보고 기도하기 위해서입니다. 외로움을 창조적 고독으로 만들고 있는 것입니다. 그 뒤 자기를 죽이려고 달려들던 형이 야곱을 울며 껴안습니다. 사람은 그렇게 하지 못합니다. 나 자신이 누구를 바꿀 수 있겠습니까? 그러나 사람을 의지하지 않고 하나님 앞에 단독자로 서는 창조적 고독을 경험할 때 인생을 새롭게 만드시는 하나님의 역사를 경험하는 것입니다.

🍃 능동적으로 고독하라

사막은 하나님을 바라보게 만드는 곳입니다. 우리 인생의 외로움은 하나님을 바라볼 수 있는 사건이라는 것입니다.

하나님의 사람들은 광야와 사막을 건너간 흔적이 많습니다. 아브라함은 꿈을 가졌기 때문에 광야와 사막을 건너가야 했습니다. 여기서 광야와 사막은 환경적 의미뿐만 아니라 내면적인 의미도 있습니다. 살았던 모든 것을 뒤로 하고 떠난다는 것은 외로움이고 쓸쓸함입니다. 하지만 혼자였기 때문에 그곳에서 하나님을 만났습니다. 아무도 이해하지 못하는 삶으로 들어갔기 때문에 하나님을 만난 것입니다. 야곱이 그랬고, 이삭도 그렇습니다. 사도 바울은 예수 믿는 사람들을 죽이러 가다가 다메섹 도상에서 하나님을 만났습니다. 그 후 예루살렘에서 제자들을 만나기 전에 먼저 아라비아 사막으로 갔습니다. 혼자만의 시간, 하나님만을 바라보며 창조적인 고독의 시간을 가졌습니다. 사람들의 이야기를 듣기보다 하나님의 음성을 들을 수 있는 혼자만의 시간을 능동적으로 가진 것입니다. 그 시간을 통해 사도 바울은 하나님의 사람으로 변화

되고 하나님이 함께하시는 인생의 축복을 경험합니다.

> 여호와께서 그를 황무지에서, 짐승이 부르짖는 광야에서 만나시고 호위하시며
> 보호하시며 자기의 눈동자 같이 지키셨도다_신 32:10

성경에 나오는 황무지는 우리가 이야기하는 사막입니다. 광야는 그래도 풀이 있지만 사막은 아무것도 없는 곳입니다. "짐승이 부르짖는 광야에서 자기의 눈동자 같이 지키셨도다"라고 말씀합니다. 우리가 혼자 된 상황일 때 하나님께서는 따로 떨어져 계신 것이 아니라, 그 외로운 상황 속에 함께하신다는 것입니다. 사막은 히브리어로 미드바르입니다. 원어적 의미로 '입', '말하기'란 뜻을 가지고 있습니다. 아무것도 없이 하나님 앞에 홀로 선 단독자가 됐을 때, 하나님께서 내게 말씀하신다는 것입니다. 그분은 나의 마음을 만지시고 내 손을 잡아 일으켜 주시는 하나님이라는 것입니다. 성경 곳곳에서 등장하는 약속이 있습니다. "내가 너와 함께한다"입니다. 외로운가요? 혼자인가요? 하지만 혼자가 아닙니다. 주님께서 그곳에 여러분과 함께하십니다.

> 네가 나가서 적군과 싸우려 할 때에 말과 병거와 백성이 너보다 많음을 볼지라도
> 그들을 두려워하지 말라 애굽 땅에서 너를 인도하여 내신 네 하나님 여호와께서
> 너와 함께하시느니라 _ 신 20:1

부활하신 주님이 승천하시면서 마지막으로 주신 말씀도 그렇습니다.

내가 너희에게 분부한 모든 것을 가르쳐 지키게 하라 볼지어다 내가 세상 끝날까지 너희와 항상 함께 있으리라 하시니라 _ 마 28:20

주님께서는 제자들이 복음을 들고 나갈 때 외로움, 고난, 박해와 같은 힘든 상황이 올 것을 아셨습니다. 그래서 걱정하지 말라고, 함께 있겠노라고 말씀하시는 것입니다. 아무도 없는 듯한 내 삶의 현장, 외로운 그 자리에 하나님께서는 함께하십니다. 누구나 겪는 외로움을 창조적 고독으로 만드는 우리가 되기를 소망합니다.

🍃 모리슨 선교사 이야기

신해혁명으로 청나라가 멸망하고 중화민국이 탄생하여 새로운 정치 체제인 공화 정치의 기초가 세워졌습니다. 신해혁명은 중국 역사에서 아주 중요한 사건인데, 그 신해혁명을 일으킨 쑨원이 기독교인이었습니다. 성경을 읽다가 모든 사람이 평등하다는 사상을 갖게 되고, 믿음으로 그의 인생을 걸어 마침내 신해혁명을 일으켜 중국의 황제 체제를 무너뜨린 것입니다. 그런데 이 사건을 거슬러 올라가면 그 중심에 모리슨 선교사가 있습니다.

로버트 모리슨 선교사는 중국의 첫 개신교 선교사로 1807년 마카오에 도착했습니다. 모리슨 선교사가 처음 중국에 왔을 때 상황은 아주 힘들었습니다. 중국은 단호한 쇄국정책을 실시하여 외국인이 중국어를 배우지 못하게 했습니다. 외국인에게 중국어를 가르치면 감옥에 가두기까지 했습니다. 중국에서 아무것도 할 수 없었던 모리슨 선교사는 광저우에서 거지보다 못한 인생을 살았습니다. 나중에 동인도 회사에 통역관으로 취직해 전도하려고 했는데, 회사는 그런 모리슨 선교사를 좋아하지 않았습니다. 회사의 이윤이 우선이었던 그들은 모리슨에게 선교하는 것을 금지했습니다. 고국에 300통의 편지를 보냈는데 달랑 2통의 답장만 받았습니다. 고국에서조차 잊혀진 사람이 됐습니다.

아들이 태어났지만 태어나자마자 죽었습니다. 기가 막힌 일입니다. 모든 것이 다 닫혀 버렸습니다. 고국을 떠나 문화가 다르고 먹을 것이 다른 타지에서는 사는 것 자체가 힘듭니다. 그때 모리슨 선교사가 경험한 외로움이 얼마나 컸을까요? 그러나 그는 외로움을 외로움으로 끝내지 않았습니다. 주님의 십자가를 바라봤습니다.

모리슨 선교사는 주님의 십자가 바라보며 그를 새로운 소망으로 일어서게 만드시는 하나님을 경험했습니다. 그는 외로움을 통해 창조적인 고독, 하나님만을 만나는 고독한 시간을 갖게 된 것입니다. 그는 그후 성경을 번역해서 중국 선교에 크게 공헌합니다. 나중에 중국 선교를 위해 선교사님들이 들어갔을 때, 공산 치하에서도 가정교회를 통해 이미 많은 사람이 예수님을 믿고 있었습니다. 바로 모리슨 선교사가 번역해 놓은 성경 때문이었습니다. 칼 귀츨라프나 허드슨 테일러 등 유명한 선교사들도 다 모리슨 선교사에게 빚을 진 것입니다.

그 모리슨 선교사가 번역한 성경을 가지고 토마스 선교사가 제너럴 셔면호를 타고 대동강으로 복음을 증거하기 위해서 왔습니다. 하지만 토마스 선교사는 자신이 그토록 사랑하고 기도했던 민족에게 복음 한 번 전하지 못하고 허무하게 병졸의 칼에 죽었습니다. 당시 평양에 살던 12살 소년 최치량은 제너럴셔먼호 사건 현장을 구경갔다가 3권의 한문 성경책을 주워 옵니다. 그런데 금서인 책이 무서워 수거 책임을 맡았던 평양 감영의 박영식에게 가져다주었고 박영식은 훗날 자기 집을 지을 때 성경을 찢어 도배했습니다.

어른이 된 최치량이 박영식의 집을 사서 주막을 열게 됩니다. 토마스가 죽은 지 27년 만에 마펫 선교사 일행이 이 주막에 들르게 되었습니다. 성경으로 도배된 방을 보고 놀라 주인 최치량을 불러 자초지종을 알아가는 과정에서 하나님의 놀라운 섭리를 깨닫게 됩니다. 최치량은 결국 예수를 믿게 되었고 그 집을 예배처로 드렸습니다. 그리고 이듬해인 1894년 1월에 세례를 받습니다. 주막이었던 이 예배처가 평양 최초의 교회인 널다리골교회가 되었는데, 이 교회는 장대제교회가 되었고 후에 장대현교회가 됩니다. 그리고 이 장대현교회에서 1907년 1월 놀라운 성령의 역사가 일어납니다. 바로 평양 대부흥 운동입니다. 토마스 선교사가 성경을 뿌리며 순교한 지 41년 만이었습니다.

다시 모리슨 선교사 이야기로 돌아가겠습니다. 극한의 외로움 속에서 그는 십자가를 바라봤습니다. 주님의 위로를 경험했습니다. 손을 붙잡아 주고 마음을 만져 새로운 힘을 주시는 주님을 만난 것입니다. 그리고 중국 역사와 한국 역사를 새로 쓰는 주인공이 됐습니다. 그렇습니다! 외로움이 외로움으로 끝나서는 안 됩니다. 그럴 때일수록 나와 함께하시는 주님의 갈보리 십자가를 바라보아야 합니다. 그 십자가는 인간적인 눈으로 볼 때는 실패의 십자가였습니다. 조롱과 저주의 십자가였습니다. 침 뱉음 당하고, 제자들마저 배반하고 떠나는 외로움의 자리였습니다.

주님께서는 우리가 배반당했다는 것이 무엇인지 아십니다. 사람들에게 이해받지 못하는 것을 아십니다. 우리 안에 있는 눈물, 아픔, 상처 이 모든 것을 알고 계십니다. 그리고 그 주님께서 우리와 함께하십니다. 우리가 십자가를 바라볼 때 그 외로움이 창조적인 고독이 됩니다. 그 외로움 때문에 넘어져 인생을 끝낼 수도 있지만, 그 외로움 때문에 하나님이 쓰시는 드라마의 주인공이 될 수 있는 것입니다. 하나님께서는 목숨걸고 여러분을 사랑하셨습니다. 그 사랑을 기억합시다.

 우리들의 나침반

여호와께서 그를 황무지에서, 짐승이 부르짖는 광야에서 만나시고 호위하시며 보호하시며 자기의 눈동자 같이 지키셨도다 _〈신명기〉 32:10

찬양 듣기

#07

창조적 고독을
만드는 삶

성경의 인물 중 가장 용맹한 사람으로 다윗을 지목합니다. 모든 사람
이 골리앗 앞에서 두려워 떨고 있을 때 당당히 맞선 용맹한 소년이었습
니다. 다윗은 용맹의 대명사입니다. 하지만 그의 삶 한복판에서 이렇게
고백했습니다. 〈시편〉 22편입니다.

> 12많은 황소가 나를 에워싸며 바산의 힘센 소들이 나를 둘러쌌으며 13내게 그 입
> 을 벌림이 찢으며 부르짖는 사자 같으니이다 14나는 물같이 쏟아졌으며 내 모든
> 뼈는 어그러졌으며 내 마음은 밀랍 같아서 내 속에서 녹았으며 15내 힘이 말라 질
> 그릇 조각 같고 내 혀가 입천장에 붙었나이다 주께서 또 나를 죽음의 진토 속에
> 두셨나이다 16개들이 나를 에워쌌으며 악한 무리가 나를 둘러 내 수족을 찔렀나
> 이다

다윗은 지금 실패와 절망의 한복판에서 절규하고 있습니다. 사람들은 다 떠나가고, 주변에 있는 사람들은 그를 조롱합니다. 그 상황에서 어쩔 줄 모르겠는 마음을 그대로 하나님 앞에 내려놓습니다. 용맹의 대명사인 다윗이 어쩌면 우리보다 더 심각한 외로움을 경험했는지도 모릅니다.

우리는 왜 외로울까요? 이해받지 못하는 상황을 만나기 때문입니다. 내가 한 일을 완전히 이해하는 사람이 없기에 외롭습니다. 나와 똑같은 처지에 있는 사람이 없기에 나를 속속들이 이해해 줄 사람이 없는 것입니다. 돈을 많이 벌면 외롭지 않을까요? 높은 지위에 오르면 안 외로울까요? 대중의 큰 인기를 얻었다고 안 외로울까요?

어느 목사님이 교회 사역자들을 모두 데리고 유명한 중국집에 갔습니다. "맛있는 거 사줄 테니 먹고 싶은 거 다 시켜" 하고는 "난 짜장면" 했다면 다른 사람들은 무엇을 시켰을까요? 모두 짜장면으로 통일했다고 합니다. 이 이야기는 20~30년 전 이야기임에도 불구하고 지금도 그 목사님 이야기를 할 때 나오는 일화입니다. 본인이 짜장면 먹겠다는 것은 잘못이 아니지만 그것 때문에 다른 사람도 짜장면밖에 못 먹었다고 이야기합니다. 아마 그 목사님은 거기까지는 생각하지 못했을 것입니다.

이렇게 하는 것이 잘하는 거라 생각하고 어떤 일을 했습니다. 그런데 지위가 올라갈수록 자신이 한 행동에 대해 사람들은 여러 각도로 해석합니다. 그리고 어느 순간 자신도 모르게 왕따가 됩니다. 높이 올라가면 올라갈수록 더 그런 것입니다.

더 나아가 인정받지 못할 때 우리는 외롭습니다. 열심히 일했는데 박수하는 사람이 없다면 외로운 것입니다. 가정이나 회사에서 인정받지 못할 때가 얼마나 많습니까? 그리고 나 혼자 다르다는 느낌을 받을 때도 외롭습니다. 유학을 가서 공부하는데 주위에 백인들만 있다면 외롭습니다. 함께 모여 대화를 하는데 다른 사람들은 다 알고 혼자 모르는 이야기가 있습니다. 나만 다릅니다. 그러면 외로움을 느끼는 것입니다.

우리는 인생을 살면서 사람들에게 위로를 받습니다. 그러나 동시에 경쟁 사회에서, 우리가 위로받던 사람 때문에 외로움을 경험하는 것입니다. 이것이 인생의 아이러니입니다.

오늘날 우리는 경쟁 사회를 살고 있습니다. 이 사회 속에서 겪는 외로움은 또 얼마나 큽니까? 베데스다 연못가에 38년 된 병자가 있었습니다. 베데스다 연못은 천사가 가끔 와서 물을 동하게 합니다. 그때 제일 처음 연못에 들어가는 사람의 병이 낫게 됩니다. 그래서 수많은 사람이 이 연못가에 몰려왔습니다.

38년 된 병자가 와보니 그곳에는 정상적인 사람이 아무도 없습니다. 자신만 아픈 줄 알았는데, 나 혼자만의 고통이라고 생각했는데, 자신처럼 아픈 사람들이 많았습니다. 아마 38년 된 병자는 고침은 받지 못했지만 베데스다 연못가에 있다는 것만으로도 위로받았을 것입니다. 그때 예수님께서 찾아오셔서 물으십니다.

"네가 낫고자 하느냐?"

그는 이렇게 대답합니다.

"제가 여기 있지만, 물이 동할 때 나를 데려다 줄 사람이 없어서 고침받지 못하고 있습니다."

많은 사람 속에서 1등으로 도착해야 하는데, 그렇게 하지 못하는 자신의 신세를 한탄합니다. 생각해 보십시오. 이곳에도 경쟁이 있었던 것입니다. 그 경쟁에 뒤쳐져서 외롭습니다. 우리는 살면서 사람들에게 위로를 받습니다. 그러나 동시에 경쟁 사회에서, 우리가 위로받은 사람 때문에 외로움을 경험하게 됩니다. 이것이 인생의 아이러니입니다. 사실 그 사람 때문에 위로를 받는 거 같은데, 어느 새 그 사람 때문에 외로움을 경험하고 있습니다.

🍃 하나님과 함께 있는 혼자의 시간

그래서 이 땅을 살며 누구나 경험하는 감정이 있다면 그것은 외로움입니다. 그래서 그 외로움을 창조적 고독으로 만들어야 한다고 말하는 것입니다. 외로움은 혼자 있는 고통이지만 고독은 혼자 있는 즐거움, 기쁨입니다. 외로움은 수동적인 것으로 당하는 것이지만 고독은 능동적인 감정으로 내가 결정하고 선택하는 것입니다. 외로움은 부정적인 감정이지만 고독은 긍정적 감정입니다. 외로움은 문이 닫힌 혼자지만 고독은 문이 열린 혼자입니다. 외로움은 지하층의 감정, 어두운 감정입니다. 그러나 똑같이 혼자 있지만 고독은 지상의 환한 감정입니다. 외로움은 얽매이게 하여 사람들을 중독시킵니다. 그러나 고독은 우리를 자유하게 합니다. 인생을 창조적으로 만듭니다. 그러므로 누구나 겪는 외로움을 우리는 창조적인 고독으로 만들어야 합니다.

창조적인 고독은 무엇일까요? 〈시편〉 22편에서 절규하는 다윗의 마음은 바로 외로움이었습니다. 그러나 그는 그 외로운 인생을 전환시킵니다. 〈시편〉 22편 19절을 보면 "여호와여 멀리 하지 마옵소서 나의 힘이시여 속히 나를 도우소서"라고 부르짖습니다. 다윗은 계속 혼자였습니다. 그런데 그는 인생을 외로움에서 고독으로 전환합니다. 혼자지만 하나님과 함께하는 시간을 만든 것입니다. 하나님 없는 혼자는 외로움 속에서 절망하고 낙심합니다. 자신의 인생을 힘들어 하고 절규하며 살아갈 수밖에 없습니다. 하지만 하나님과 함께하는 혼자는 창조적 고독입니다.

자신이 모든 것을 할 수 있다고 생각하는 고등학교 동기가 있었습니다. 시험을 봐도 항상 1등이고 수석이었습니다. 모든 것을 해낼 수 있다고 자신했지만 그는 늘 혼자였습니다. 그런데 한창 나이에 암에 걸렸습니다. 그렇게 인생을 정리하며 저에게 고백한 그의 마지막 절규, 유언과도 같은 이야기가 있습니다.

"유관재 목사, 당신이 내 친구 아닌가! 목사이기 때문에 많은 사람을 만나게 될 텐데 내 이야기를 해주면 좋겠네. 예수 없이 산 인생이 얼마나 억울하고 불쌍한지를 내 인생의 황혼에서 깨닫게 되었다네. 만나는 사람들마다 내 이야기를 해. 예수 없이 산 인생, 하나님 없이 산 인생은 불쌍하고 억울하다고 말이야."

잘 나가는 것 같았습니다만 그는 삶의 마지막에서 외로움을 고백할 수밖에 없었습니다. 그리고 그렇게 산 인생을 뒤돌아보니 억울하다는 것입니다. 불쌍하다는 것입니다. 이렇게 혼자인 인생은 외롭습니다. 그러나 하나님과 함께하는 혼자는 고독, 창조적인 고독입니다.

우리는 창조적인 고독의 시간을 가져야 합니다. 하나님과 함께하는 혼자가 될 때 얻는 유익들이 많습니다. 제일 먼저 하나님의 음성을 들을 수 있습니다. 하나님의 뜻을 깨닫게 됩니다. 헨리 나우웬은 '고독'을 자신의 책에서 이렇게 이야기합니다.

> 고독은 우리들 마음의 정원이다. 그것은 홀로 있음으로써 결실을 맺게 하는 장소이다. 그리고 지친 몸과 걱정에 싸인 마음에 평안을 주는 고향이다. 그러기에 고독은 그런 장소가 있든 없든 간에 우리의 영적 생활에 꼭 필요한 것이다. 우리가 고독에서 도망치지만 않는다면, 그곳에서 우리들은 하나님의 소리를 들을 수 있을 것이다. 고독은 종종 사막에 홀로 있는 그림으로 표현되기도 한다. 사막은 인간에게 혹독하지만 하늘과 땅 이외의 것이 보이지 않아 아름다운 곳이기 때문이다. 그 척박한 땅에서는 하늘도 땅과 가까워 보이고 인간도 하늘을 올려다보며 하나님과 소통할 수 있는 좋은 장소이다.

너무 멋진 표현입니다. 고독의 시간이 우리에게 얼마나 필요한지를 이야기하는 것입니다. 그곳에서 우리는 하나님의 음성을 들을 수 있습니다. 최근 걷기 열풍이 일어나고 있습니다. 주변을 보면 걸을 수 있는 둘레길도 많이 생겼습니다. 멀리 제주도의 올레길을 가지 않더라도 주변에 좋은 곳이 주변에 많습니다.

요즘 새로운 열풍 중에 하나가 성지 순례길을 걷는 것입니다. 그 길을 '카미노 데 산티아고'라고 부릅니다. 스페인어로 산티아고는 야고보란 뜻입니다. 야고보의 무덤이 있는 교회까지 사람들이 걷는 것입니다. 그렇게 걸으려면 돈과 시간이 많이 듭니다. 한 달 혹은 두 달도 걸립니다.

그러나 많은 사람이 그곳에 갑니다. 그렇게 걸음으로써 창조적인 고독의 시간을 갖는 것입니다. 배낭 하나 짊어지고 집을 떠나고 친구를 떠나고 일을 떠납니다.

그곳에서는 혼자지만 답답했던 것, 힘들었던 것, 자신을 휘감고 있던 모든 것에서 자유와 치유를 경험하고 새로운 인생을 살 힘을 얻게 됩니다. 뿐만 아니라 하나님께서 자신에게 주시는 음성을 들을 수 있는 자리가 됩니다. 가보지는 않았지만 그 길을 걸었던 사람들의 글을 많이 읽었습니다. 그 길을 걸으며 하나님의 음성을 듣고, 하나님의 뜻을 발견합니다. 인생의 치유를 경험합니다. 그리고 인생의 새로운 전기를 만듭니다. '카미노 데 산티아고'를 걸으며 혼자 갖게 되는 창조적인 고독은 하나님의 음성을 듣게 만드는 것입니다.

더 나아가 창조적인 고독은 우리 죄를 깨닫게 합니다. 바뀌는 것 없이 다람쥐 쳇바퀴 돌듯이 살다 보면, 인생은 힘들어지고 냄새나게 됩니다. 옷을 1년 동안 계속 입는다고 생각해 보십시오. 그렇게 입는 사람을 우리는 거지라고 부릅니다. 그 냄새나는 옷을 빨아야 합니다. 그래야 생기 있는 삶을 살 수 있습니다. 우리의 몸과 영혼도 마찬가지입니다. 창조적인 고독의 시간을 통해 하나님께서는 우리를 깨우치십니다. 우리의 죄와 잘못이 무엇인지를 깨닫게 하십니다. 고쳐야 할 것이 무엇인지를 알게 하십니다. 그래서 우리 인생을 새롭게 빨아 순결하게 만드십니다. 더 멋지고 아름다운 인생을 살도록 만들어 주십니다.

✍ 한 걸음 물러서서

창조적인 고독은 삶의 바른 우선순위를 만듭니다. 삶에 휩쓸려 살다 보면, 눈앞의 긴급한 것을 먼저 쫓아가다가 헐떡이며 끝납니다. 비참한 인생입니다. 창조적인 고독의 시간을 가질 때 하나님께서는 내 인생을 어떻게 조정해야 될지 말씀하십니다. 어떻게 살아야 될지, 내 인생에서 중요한 것이 무엇인지를 가르쳐 주십니다. 내 인생에서 무엇을 먼저 해야 하는지 우선순위를 깨닫게 하셔서 인생을 잘 만들어 가게 하십니다. 창조적인 고독의 시간을 통해서, 인생을 정리하고 우선순위를 만들어 정리된 인생을 살아갈 수 있습니다.

더 나아가 아름다운 동행을 할 수 있습니다. 당장 앞에 있는 사람과 일만 보면 아름다운 동행은 절대로 하지 못합니다. 어떤 사람의 삶이 이해되지 않으면 그와 아름다운 동행을 할 수 없는 것입니다. 미국에서 공부하던 때, 어떤 분 때문에 너무너무 힘이 들었습니다. 그 분만 보면 화가 나고 갈등이 생겼습니다. 어느 날 저녁 "하나님 너무 힘듭니다. 제가 왜 이런 수모를 당해야 합니까?" 하고 강대상 밑에서 기도했습니다. 그때 주님께서 이 마음을 주셨습니다.

"네가 그 사람이 하는 것 때문에 힘들다면, 그 행동들을 보고 그렇게 하지 말아야겠다고 생각해라. 그러면 그 사람이 네 인생의 큰 스승이 될 수 있다."

이런 마음을 갖게 되니 별로 어렵지 않았습니다. 관계가 그렇게 힘든 것이 아니었습니다. 그 사람만 바라보고 집중할 때는 내가 힘들고 괴로웠습니다. 그런데 한 발짝 물러서서 하나님과 일대일의 관계, 창조적인 고독의 시간을 가지고 기도했을 때, 하나님께서는 다른 인생을 살 수 있도록 만들어 주셨습니다. 우리의 삶에서는 창조적 고독의 시간이 필요합니다. 그냥 혼자가 아니라 하나님과 함께하는 혼자의 시간을 만들면서 우리의 삶을 살아야 하는 것입니다. 가만히 제 인생을 뒤돌아보면, 멘토에게 배운 것보다 저를 힘들게 했던 그 사람에게서 더 큰 것을 배운 것 같습니다.

내가 이전에 유대교에 있을 때에 행한 일을 너희가 들었거니와 하나님의 교회를 심히 박해하여 멸하고 _ 갈 1:13

사도 바울의 이야기를 잘 아실 겁니다. 예수 믿는 사람들을 박해하고 잡아 가뒀습니다. 스데반의 순교 현장에 있을 때, 사람들은 스데반의 옷을 사도 바울에게 가져다 주었습니다. 그런데 다메섹 도상에서 주님을 만납니다. 그곳에서 그의 인생이 달라졌습니다. 사도 바울은 예수님을 만난 뒤 다른 일 하기 전에, 다른 사람들 만나기 전에 아라비아 사막으로 갔습니다. 사막은 고독의 장소입니다. 혼자 있는 자리입니다. 다른 일을 하기 전에 다른 사람을 만나기 전에 내 손과 발, 몸이 움직이기 전에 하나님 앞에서 정지된 상태로 혼자만의 시간을 가졌습니다. 하나님만을 바라봤습니다. 그리고 하나님의 일을 어떻게 해야 될지를 알게 되었습니다. 그리고 하나님께서 함께하시는 멋진 인생을 살게 됐습니다.

하나님께서 우리에게 그려 주시는 인생의 그림이 같습니다. "네가 어

먼저 하나님 앞에 올 때 우리는 어떤 상황 속에서도 하나님의 능력과 기름 부으심을 경험하게 됩니다. 하나님이 함께하시는 증거와 흔적들을 경험하며 우리의 삶을 살 수 있는 것입니다.

떤 일 하기 전에, 어떤 사람 만나기 전에 중요한 것이 있다. 너 혼자 있으며, 하나님을 바라보는 시간을 가져야 한다"는 것입니다. 주님께서는 다윗의 이야기와 사도 바울의 이야기를 통해서 우리 인생을 어떻게 살아야 되는지 분명하게 말씀해 주고 계십니다. 수많은 하나님의 사람은 일을 하고 사람들을 만나기 전에 고독의 장소에서, 사막에서 혼자 있는 상황을 만들었습니다. 하나님만 바라보며 혼자 있는 창조적인 고독을 가졌던 것입니다. 거기서 하나님의 능력이 무엇인지, 하나님의 역사가 무엇인지, 그의 인생에 어떤 드라마가 쓰여지는지 경험할 수 있도록 하나님께서 만들어 주셨습니다.

일해야 합니다. 사람을 만나야 합니다. 살아가면서 우리가 해야 할 많은 것이 있습니다. 그런데 먼저 해야 할 것은 고독의 자리에 서는 것입니다. 하나님 앞에서 선 나 혼자만의 시간, 골방을 경험해야 한다고 주님께서 말씀하십니다.

그렇다면 구체적으로 어떻게 창조적인 고독의 시간을 가질 수 있을까요? 사도 바울은 먼저 하나님 앞으로 나아가 혼자만의 시간을 가졌습니다. 그것은 말씀과 기도의 시간이었습니다. 우리는 기본으로 돌아와야 합니다. 여러분에게 도전하고 싶습니다. 성경공부와 기도회, 그리고 예배와 같은 기회들을 통해서 먼저 하나님을 만나는 나 혼자만의 시간을 가질 수 있어야 합니다. 거기서 하나님의 역사를 경험할 수 있습니다.

🍃 하나님께 가자

신학적으로 교회는 '모이는 교회'(come-structure)와 '흩어지는 교회'(go-structure)가 있습니다. '모이는 교회'는 세상에 살던 사람들이 모여 하나님을 개인적으로 만나는 것을 말합니다. 군중 속에서 만나는 것이 아니라 하나님과 내가 일대일로 만나는 것입니다. 함께 예배드리고, 말씀을 배우고 기도하며 하나님 앞에 홀로 선 자가 되는 것입니다. 온전한 예배자로서 말입니다. 그 다음에 '흩어지는 교회'가 있습니다. 내 삶의 현장에서 하나님을 만나고 전하는 것입니다. 그런데 혼자 세상에서 열심히 일하다가 지치면 하나님 앞에 오는 것이 아니라, 먼저 하나님 앞에 와 하나님의 능력과 기름 부으심을 경험해야 합니다. 그래야 하나님이 함께하시는 증거와 흔적들을 경험하며 우리의 삶을 나눌 수 있습니다.

하나님께서는 우리 삶에서 하나님의 일들을 멋지게 이루기 원하십니다. 하나님께서는 우리의 삶의 현장에서 하나님 되심을 보여 주기 원하십니다. 그래서 우리는 창조적인 고독의 시간을 가져야 하는 것입니다. 말씀 앞에 서고, 기도해야 합니다. 금요 기도회, 새벽 기도회 등 다양한 기도회를 통해 하나님 앞에 서야 합니다. 그때 하나님을 만나는 골방의 경험을 할 수 있습니다. 창조적인 고독의 시간을 가질 수 있는 훈련도 되는 것입니다. 도전하시기 바랍니다. 그 자리에서 하나님의 역사를 경험할 수 있습니다.

떠밀려 사는 인생은 외로움으로 탈진하는 인생입니다. 이제는 선택하고 결단해야 합니다. 다윗처럼, 그리고 사도 바울처럼 창조적인 고독을 통해 우리 인생을 바꾸겠노라고 말입니다.

19세기 20세기 가장 위대한 하나님의 사람은 무디입니다. 그의 인생을 연구하면서 제 가슴이 얼마나 뜨거워졌는지 모릅니다. 그는 초등학교밖에 공부하지 못했습니다. 가는 곳마다 왕따였습니다.

"너처럼 희망 없는 사람은 없을 거야."

"너와 친구인 게 부끄럽다."

그는 늘 혼자였습니다. 늘 외로웠습니다. 그의 삶은 외로움 자체였습니다. 그래서 그는 더 하나님 앞에 기도했습니다. 하나님 앞에서 그 외로움을 창조적인 고독으로 만들었습니다. 매일 하나님 앞에 나아와 하나님과 함께하는 혼자의 시간을 가졌습니다. 그런 그를 하나님께서는 얼마나 위대하게 만드셨는지요.

연동교회를 창립한 게일 선교사는 한국 사람보다 한국을 더 사랑한 사람이라고 이야기합니다. 그를 비롯한 수많은 선교사들이 바로 무디를 통해서 도전을 받고 이 땅에 선교사로 오게 되었습니다. 그의 메시지를 통해 가슴에 뜨거운 하나님의 열정을 가지고 이 땅에 발을 디딘 것입니다. 그리고 그 혜택을 지금 우리가 받고 있습니다.

무디는 위대한 복음 전도의 일을 하면서도 기자들에게 설교가 문법적으로 안 맞는다는 지적을 계속 당했습니다. 그런데 그것 때문에 그는 더 기도하며 하나님 앞에 나왔습니다. 말씀 앞에 나왔습니다. 그리고 결국 하나님께서 사용하신, 19세기 20세기의 가장 위대한 하나님의 사람이 될 수 있었습니다. 그는 외로움을 고독으로 바꾸었습니다. 혼자 있는 외로움이 아니라 하나님과 함께한 고독으로 그의 인생을 다시 만든 것입니다. 그것이 우리에게까지 영향을 준 것입니다.

우리 인생의 답은 먼저 하나님께 가는 것입니다. 하나님과 함께한 혼자, 창조적 고독을 통해 삶을 만들어 갑시다.

✦ 우리들의 나침반

¹²이는 내가 사람에게서 받은 것도 아니요 배운 것도 아니요 오직 예수 그리스도의 계시로 말미암은 것이라 ¹³내가 이전에 유대교에 있을 때에 행한 일을 너희가 들었거니와 하나님의 교회를 심히 박해하여 멸하고 ¹⁴내가 내 동족 중 여러 연갑자보다 유대교를 지나치게 믿어 내 조상의 전통에 대하여 더욱 열심이 있었으나 ¹⁵그러나 내 어머니의 태로부터 나를 택정하시고 그의 은혜로 나를 부르신 이가 ¹⁶그의 아들을 이방에 전하기 위하여 그를 내 속에 나타내시기를 기뻐하셨을 때에 내가 곧 혈육과 의논하지 아니하고 ¹⁷또 나보다 먼저 사도 된 자들을 만나려고 예루살렘으로 가지 아니하고 아라비아로 갔다가 다시 다메섹으로 돌아갔노라 ¹⁸그 후 삼 년 만에 내가 게바를 방문하려고 예루살렘에 올라가서 그와 함께 십오 일을 머무는 동안 ¹⁹주의 형제 야고보 외에 다른 사도들을 보지 못하였노라 ²⁰보라 내가 너희에게 쓰는 것은 하나님 앞에서 거짓말이 아니로다 ²¹그 후에 내가 수리아와 길리기아 지방에 이르렀으나 ²²그리스도 안에 있는 유대의 교회들이 나를 얼굴로는 알지 못하고 ²³다만 우리를 박해하던 자가 전에 멸하려던 그 믿음을 지금 전한다 함을 듣고 ²⁴나로 말미암아 하나님께 영광을 돌리니라
_〈갈라디아서〉 1:12~24

찬양 듣기

#08

사막에 흐르는
강물

사막이 품고 있는 외로움과 고독에 대해 이야기하면서, 이 외로움을 창조적인 고독으로 만들자고 이야기를 나눴습니다. 그런데 사막에는 또다른 이미지가 있습니다. 실패, 위험, 죽음, 인생의 무너짐, 멸망 등이 그것입니다. 성경에서도 그 예를 찾아볼 수 있습니다.

> 온 세계의 망치가 어찌 그리 꺾여 부서졌는고 바벨론이 어찌 그리 나라들 가운데
> 에 황무지가 되었는고 _ 렘 50:23

바벨론이 황무지, 사막이 되었다고 하는데 이는 문자적으로 진짜 사막이 되었다는 것이 아니라 멸망했다는 뜻입니다.

살면서 만나는 부정적 이미지와 상황이 사막과 같습니다. 실패합니다. 역경을 경험합니다. 열심히 해보려고 하는데 힘이 듭니다. 언제 좀 편해질까 생각하지만 일이 순조롭지 않습니다. 진퇴양난 사면초가 같은 궁지에 처하기도 합니다. 때로는 배신감으로 치를 떨고 굴욕감을 느끼기도 합니다. 우리 인생에서 만나는 부정적인 모든 상황은 우리에게 사막을 느끼게 합니다.

그런데 황량한 인생을 살아가는 우리를 향한 주님의 약속이 무엇인지 아십니까? 〈이사야서〉 43장을 보겠습니다.

> [19b]반드시 내가 광야에 길을 사막에 강을 내리니 [20]장차 들짐승 곧 승냥이와 타조도 나를 존경할 것은 내가 광야에 물을, 사막에 강들을 내어 내 백성, 내가 택한 자에게 마시게 할 것임이라 [21]이 백성은 내가 나를 위하여 지었나니 나를 찬송하게 하려 함이니라 _ 사 43:19~21

하나님께서 황량한 사막과 광야에 길을 낼 뿐만 아니라 강을 내신다고 합니다. 미국에는 LA지역을 시작으로 하여 동쪽으로 모하비 사막이 펼쳐집니다. 그런데 LA사막에 가보면 푸른 잔디와 나무를 볼 수 있습니다. 더 재미있는 것은 그곳에서 정말 좋은 곡물과 과일이 나온다는 것입니다. 세계적으로 유명한 선키스트 오렌지가 바로 여기서 나옵니다. 기름진 쌀도 납니다. 그 이유가 무엇일까요? 물을 끌어다가 댔기 때문입니다. 물을 공급하니 어떤 지역과도 비교할 수 없는 꽃과 과일, 곡물 등 좋은 열매가 맺히는 것입니다. 다른 지역에서 생산되는 것들과 차원이 다릅니다. 사막이지만 물을 대니 옥토가 된 것입니다.

주님은 우리에게 말씀하십니다.

"너희 인생이 황량한 사막 같다고? 실패하고, 궁지에 몰려 있다고? 배신감과 굴욕감 속에 처했다고? 그렇다면 그곳에 내가 강을 내면 된다!"

사막도 물만 있으면 멋진 땅이 됩니다. 황량한 사막이지만, 그 사막의 어느 부분에는 나무가 빽빽히 들어 서 있습니다. 왜 그럴까요? 그 밑에 물이 흐르기 때문입니다. 똑같은 땅이지만, 물이 흘러 옥토가 된 것입니다.

🌱 사막에 강물이 흐르면

> 내가 헐벗은 산에 강을 내며 골짜기 가운데에 샘이 나게 하며 광야가 못이 되게 하며 마른 땅이 샘 근원이 되게 할 것이며 _ 사 41:18

> 34전에는 지나가는 자의 눈에 황폐하게 보이던 그 황폐한 땅이 장차 경작이 될지라 35사람이 이르기를 이 땅이 황폐하더니 이제는 에덴동산 같이 되었고 황량하고 적막하고 무너진 성읍들에 성벽과 주민이 있다 하리니 _ 겔 36:34~35

〈에스겔서〉는 황량한 곳이 에덴동산같이 된다는 약속을 전하고 있습니다. 그런데 에덴동산이 에덴동산이 된 이유를 아십니까? 〈창세기〉 2장으로 가보겠습니다.

¹⁰강이 에덴에서 흘러 나와 동산을 적시고 거기서부터 갈라져 네 근원이 되었으니 ¹¹첫째의 이름은 비손이라 금이 있는 하윌라 온 땅을 둘렀으며 ¹²그 땅의 금은 순금이요 그곳에는 베델리엄과 호마노도 있으며 ¹³둘째 강의 이름은 기혼이라 구스 온 땅을 둘렀고 ¹⁴셋째 강의 이름은 힛데겔이라 앗수르 동쪽으로 흘렀으며 넷째 강은 유브라데더라

에덴에 네 개의 강물이 흐르고 있었습니다. 바로 이것이 에덴이 될 수 있었던 이유입니다. 강물 때문입니다. 강이 흐르면 에덴이 되는 것입니다. 성경에서 우리에게 보여 주는 분명한 하나님의 메시지가 이것입니다. 아브라함의 이야기를 〈이사야서〉 51장에서 보겠습니다.

²너희의 조상 아브라함과 너희를 낳은 사라를 생각하여 보라 아브라함이 혼자 있을 때에 내가 그를 부르고 그에게 복을 주어 창성하게 하였느니라 ³나 여호와가 시온의 모든 황폐한 곳들을 위로하여 그 사막을 에덴 같게, 그 광야를 여호와의 동산 같게 하였나니 그 가운데에 기쁨과 즐거워함과 감사함과 창화하는 소리가 있으리라

아브라함이 혼자 있었을 때 사막과 같은 인생을 살았습니다. 아브라함에게는 광야와 사막을 지난 흔적이 많습니다. 그런데 주님이 말씀하십니다. "내가 아브라함의 인생, 사막 같은 그의 인생을 에덴같이 만들었다"고 말입니다. 성경에서 주님은 우리 인생의 그림을 크게 그리고 계십니다. 우리는 살면서 실패하며 궁지에 몰리기도 하고, 꽉 막힌 상황을 경험하기도 합니다. 끝없는 일들 앞에서 언제 이 피곤이 사라질까 힘들어 하며 살고 있습니다. 그런데 주님께서 강물을 흘려보내서 우리

의 인생을 에덴같이, 천국같이 만드시겠다는 것입니다. 황량한 너의 삶이 옥토가 되어, 싹이 나고, 잎이 피고, 꽃이 만발하게 하시겠다는 것입니다. 그 황량했던 삶 속에 기쁨과 즐거움, 감사와 창화하는 소리가 있게 할 것이란 말씀입니다.

> 사막과 같은 우리 인생이지만, 그곳으로 물이 흘러 들어가면, 옥토가 되어 꽃이 피고 열매를 맺습니다. 그래서 삶이 기쁨과 감사요, 감격과 노래가 됩니다. 이는 하나님께서 성경을 통해 계속 보여 주시는 말씀이요 약속입니다.

하나님께서는 이와 같은 인생의 그림을 우리에게 그려 주기 원하십니다. 사막과 같은 우리 인생이지만, 그곳으로 물이 흘러 들어가면, 옥토가 되어 꽃이 피고 열매를 맺는다는 것입니다. 생명력 있는 멋지고, 복된 인생이 된다는 것입니다. 그래서 삶이 기쁨과 감사요, 감격과 노래가 된다는 것입니다. 이는 하나님께서 성경을 통해 계속 보여 주시는 말씀이요, 약속입니다.

그렇다면 강물이 우리 안에 흐른다는 것이 무슨 의미일까요? 〈요한계시록〉 22장 1~2절에서 분명하게 가르쳐 주고 계십니다.

[1]또 그가 수정같이 맑은 생명수의 강을 내게 보이니 하나님과 및 어린양의 보좌로부터 나와서 [2]길 가운데로 흐르더라 강 좌우에 생명나무가 있어 열두 가지 열매를 맺되 달마다 그 열매를 맺고 그 나무 잎사귀들은 만국을 치료하기 위하여 있더라

수정같이 맑은 생명수 강이 있습니다. 흐르는 그 강 좌우에는 생명나

무가 생기고, 12가지 열매를 일년 내내 풍성하게 맺습니다. 우리 삶을 치유하고, 회복시키는 하나님께서, 마침내 우리 삶에 멋진 축복의 열매를 맺게 하신다는 것입니다. 더 나아가 그 나무 잎사귀들을 통해 만국을 치료하신다고 합니다. 그런데 생명수는 하나님과 어린양의 보좌로부터 흘러나옵니다. 수정같이 맑은 강물의 근원은 바로 어린양의 보좌인 것입니다.

우리에게 주시는 분명한 주님의 메시지가 바로 이것입니다. 어린양의 보좌, 바로 십자가로부터 흐르는 은혜의 강물이 우리 삶에 닿을 때 옥토가 되고, 생명이 움트기 시작합니다. 하나님의 아름다운 역사를 경험합니다. 잎이 피고, 꽃이 나며, 열매 맺는 멋진 인생이 되는 것입니다. 하나님께서는 "너희들의 인생이 에덴 같은 인생이 되리라" 말씀하십니다.

우리는 십자가의 은혜를 경험해야 합니다. 예수님께서 목숨까지 내어주신 십자가 은혜를 통해 우리는 갚아야 할 죄의 삯을 모두 해결했습니다. 죄로 인해 내일이 없고 멸망 가운데 있었는데, 십자가로 용서함을 받았습니다. 멸망에서 생명을 얻었습니다. 예수님의 십자가로 모든 것이 용서받았음을 믿음으로써 생명을 얻고 구원을 받는 것입니다.

우리의 인생은 어쩌면 거지 같은 인생이었습니다. 내일이 보장되지 않고, 어디서 왔다가 어디로 가는지 몰라 광야를 헤매는 것과 같은 인생이었습니다. 그런데 천국이라는 소망 덕분에 이 땅에서의 삶은 소풍이 되었습니다. 돌아갈 집이 있기에 이 땅의 삶은 여행이 되었습니다. 하나님께서는 이 놀라운 구원을 우리에게 주셨습니다. 이전에는 사막과 광야 같은 황량한 인생을 살았지만, 그 인생에 하나님의 보좌로부터 흘러

나오는 은혜의 강물을 보내어 우리 삶을 치유하고 회복시켜서, 생명력 있는 인생으로 만드십니다.

🌿 갈망하는 마음

성경은 우리가 반전의 드라마를 경험하는 하나님의 사람들이 되었다고 반복적으로 말씀합니다. 실패가 끝이 아닙니다. 하나님께서는 다시 일어설 수 있도록 우리를 만드십니다. 일곱 번 넘어져도 여덟 번 일어나는 하나님의 역사를 우리 가운데 쓰길 원하십니다. 역경 가운데서 승리를 경험시켜 주십니다. 그래서 인생의 기쁨이 무엇인지, 환희가 무엇이고 감격이 무엇인지를 경험시켜 주십니다. 절망에서 새로운 소망을 품게 하십니다. 황폐한 광야와 메마른 사막 같은 인생을 산다 할지라도, 십자가로부터 흘러나오는 은혜의 강물이 닿을 수만 있다면, 그 인생의 자리는 옥토가 되고, 하나님의 기적을 경험하는 자리가 되는 것입니다.

그래서 시편 기자는 이렇게 고백합니다.

> 하나님이여 사슴이 시냇물을 찾기에 갈급함 같이 내 영혼이 주를 찾기에 갈급하니이다 _ 시 42:1

이는 하나님의 은혜가 아니면 살 수 없다고 은혜의 강물을 부어 달라는 고백입니다. 그런데 가장 사막 같은 장소는 우리 마음입니다. 메말라 있고, 딱딱히 굳어 있습니다. 그러나 어린양의 보좌, 십자가를 갈망한다면, 사슴이 시냇물을 찾는 것처럼 갈급한 마음으로 하나님을 바라본다면, 하나님께서는 우리 안에 은혜의 강물을 흐르게 해주십니다. 그래서 우리 마음이 옥토가 됩니다. 하나님께서는 항상 우리의 마음부터 만져 주십니다. 그리고 그것이 넘쳐 흘러서 우리 발이 닿는 곳곳마다 에덴동산이 되도록 만들어 주십니다.

하나님은 은혜의 강물을 부어 주기 원하십니다. 갈망하여 그 은혜의 강물이 우리에게 흐르면 우리 삶은 에덴동산이 될 수 있습니다. 그러므로 십자가를 갈망하는 마음이 우리에게 있어야 합니다. 어렸을 때 외갓집에 가면, 마당에 펌프가 있었습니다. 참 신기했습니다. 처음엔 펌프에서 물이 나오지 않습니다. 마중물을 한 바가지 넣고 열심히 펌프질을 하면, 비로소 밑에 있는 물이 빨려 올라옵니다. 그때부터는 끝도 없이 물이 흘러나옵니다. 이 마중물과 같은 갈망이 우리에게 있어야 합니다. 그 갈망의 자리에서 우리에게 부어 주시는 은혜의 강물을 만나게 되는 것입니다.

제 인생에도 사막과 같이 황량한 상황이 많았습니다. 가장 큰 사막을 꼽는다면 군대 생활입니다. 서른 살에, 결혼하여 애도 있는데, 목사 안수를 받고 일반병으로 군대에 갔습니다. 그런데 60명의 내무반원 중에 아무도 교회 다니는 사람이 없었습니다. 장로교신학교를 다니던 4개월 고참이 한 명 있었는데 종교 활동을 못하게 해서 교회에 다니지 못하고 있었습니다. 군기가 얼마나 센지, 매일 아침 점호와 저녁 점호가 끝나고 집합을 했습니다. 군대 용어로 소위 '한따까리'했습니다. 열 살 아

> 이 마중물과 같은 갈망이 우리에게 있어야 합니다. 그 갈망의 자리에서 우리에게 부어 주시는 은혜의 강물을 만나게 되는 것입니다. 우리 황량한 삶을 옥토로 만드시고 멋진 하나님의 역사를 경험할 수 있도록 해주십니다

래인 고참에게 뺨도 맞았습니다. 정말 맞기도 많이 맞고, 인격적인 모독도 당했습니다. 억울한 상황들도 많았습니다.

그렇게 힘든 가운데 혼자였습니다. 도와줄 수 있는 사람이 아무도 없다는 사실이 더 힘들었습니다. 그래서 기도했습니다. 십자가만을 바라봤습니다. 어떻게 해볼 수 없으니 더 십자가만 바라보게 됐습니다. 그런데 그 사람들은 변하지 않았습니다. 하나님께서는 제 마음을 만져 주셨습니다. 억울한 저의 감정을 풀어 주셨습니다. 그리고 그들을 향한 미움을 불쌍히 여기는 마음으로 바꿔 주셨습니다.

하나님께서는 제 마음을 먼저 옥토로 만드신 것입니다. 미워하고 억울해 하고 굴욕적인 마음으로 어쩔 줄 몰라 하던 저의 마음을 옥토로 만들어 주셨습니다. 그리고 나중에는 그 사람들이 무릎 꿇고 울면서 잘못했다고 용서를 빌었습니다. 내무반 전체 60명이 예수님 믿는 기적이 일어났습니다. 사막이 옥토가 된 것입니다. 놀라운 하나님의 역사입니다. 지금도 집회다닐 때 가끔 그 고참들을 만날 때가 있습니다. 만날 때마다 감동입니다.

사막이었습니다. 황량했습니다. 바라볼 수 있는 것이 아무것도 없었습니다. 그런데 제 마음을 옥토로 만들어 주시고, 치유해 주셨습니다. 제가 딛고 있는 그 땅을 옥토로 만드셔서 아름다운 열매를 맺도록 하셨습니다. 중요한 것은 사막 같다고 절망하는 것이 아니라, 십자가를 바라

보며 하나님의 은혜를 구해야 한다는 것입니다.

"하나님! 나를 불쌍히 여겨 주십시오! 주님만이 나의 희망입니다! 주님만이 나의 모든 것입니다!"

사람과 환경에 어떤 것도 기대하지 말고, 하나님만을 바라보십시오. 십자가로부터 흐르는 은혜의 강물을 경험할 수 있다면, 나를 치유하고 회복시키며, 내 인생 주변의 모든 사막과 같은 것들을 에덴으로 만들어 주시는 하나님을 경험할 수 있습니다.

주님께서 말씀하십니다.

"사막과 같은 인생을 사는 것이 힘들지? 그런데 십자가로부터 흐르는 은혜의 강물을 기대하고 그 은혜를 받기 위해서 주님 앞에 선다면 에덴동산에서 살게 될 것이다."

🍃 사막은 마침내 에덴이 되고

어느 형제의 고백을 나누려고 합니다. 그 형제 이름은 무당이 지었다고 합니다. 어머니는 그 형제가 돌 때 가출했고, 아버지는 알코올 중독자로 술을 드실 때마다 자신을 구타했다고 합니다.

초등학교 2학년 때 처음 엄마 전화를 받았습니다. 엄마가 다짜고짜 "엄마 아빠 이혼할 건데 너 나랑 살래? 말래?" 하고 묻더랍니다. 같이 살기 싫다고 한 마디로 잘랐더니, 엄마가 두말하지 않고 전화를 끊어 버렸습니다. 그렇게 부모님이 이혼하였고, 1년 후 아버지가 만취 상태에서 길을 건너다가 뺑소니 사고로 돌아가셨습니다. 정말 혼자가 된 것입니다.

그때부터 이 형제는 고개를 든 적이 없다고 합니다. 사람들이 들어 보라고 해도 고개가 안 들어졌습니다. 그리고 말을 안 했습니다. 그때부터 딱 세 가지 몸짓만 사용했답니다. '네'라고 할 때 위아래로 고개를 끄덕이고, '아니'라고 할 때는 가로로 젓고, 마지막으로 "어디 가니?" 또는 "뭐 먹을거니?" 하면 손가락으로 가리키는 동작이 이 형제가 하는 모든 행동이었습니다.

황폐한 인생, 사막 같은 인생의 전형입니다. 그러다가 학생 때 교회에서 수련회를 가게 됐습니다. 집회 중에 십자가에 대한 찬양을 부르고 기도하는데, 이 형제가 십자가의 은혜를 경험했습니다. 주님께서 "너 내 아들할래?" 물으셨습니다. 그리고 주님은 얼마나 자신을 사랑하는지 깨닫게 해주셨습니다. 주님께서 십자가를 통해 자기를 구원한 사실에 대해 말씀하시는 그날 펑펑 울었습니다. 그리고 그의 인생이 180도로 달라집니다. 항상 고개를 숙였던 그가 고개를 들기 시작했습니다. 공부를 안 했던 그가 공부하기 시작했습니다. 말을 하기 시작했습니다. 십자가의 은혜가 그를 변화시킨 것입니다. 하나님께서 주신 은혜가 놀랍고 뜨거워서 이 복음을 사람들에게 전하겠다고 결심했습니다. 그래서 지금 신학대학원에서 신학을 공부하고 있습니다.

십자가는 능력입니다. 우리에게 반전의 드라마, 역전의 드라마를 보여 주시는 하나님의 은혜입니다. 세상은 우리에게 안 된다고 합니다. 끝이라고 합니다. 우리의 생을 황량하게 만듭니다. 그러나 하나님께서는 우리가 그 사막 같은 인생을 산다 할지라도 은혜의 강물이 흐르면 그곳이 에덴이 되고 천국이 될 수 있다고 말씀하십니다.

이제 사슴이 시냇물을 찾기에 갈급해 하는 그 마음으로 십자가를 바라보며 주님의 은혜를 구합시다. 그렇게 십자가를 바라볼 때마다 우리를 치유하시고, 새롭게 하시는 하나님을 만나게 됩니다.

그때 사막이 마침내 에덴이 되는 역사를 경험하게 됩니다.

> "하나님 내 마음에 수분을 공급해 주세요. 은혜의 강물이 흐르게 해주세요. 어느 곳에 있든지 내게 제일 필요한 것은 하나님의 은혜입니다. 십자가의 은혜가 필요합니다. 하나님, 십자가로부터 흘러나오는 은혜의 강물이 내 안에, 내 가슴에, 내 삶에 흐르게 해주세요."

✦ 우리들의 나침반

18너희는 이전 일을 기억하지 말며 옛날 일을 생각하지 말라 19보라 내가 새 일을 행하리니 이제 나타낼 것이라 너희가 그것을 알지 못하겠느냐 반드시 내가 광야에 길을 사막에 강을 내리니 20장차 들짐승 곧 승냥이와 타조도 나를 존경할 것은 내가 광야에 물을, 사막에 강들을 내어 내 백성, 내가 택한 자에게 마시게 할 것임이라 21이 백성은 내가 나를 위하여 지었나니 나를 찬송하게 하려 함이니라
_〈이사야서〉 43:18~21

찬양 듣기

09

나를
지키시는 하나님

하나님은 나에게 어떤 분이십니까? 성경이 반복적으로 강조하는 하나님의 모습이 있습니다. 바로 나를 도와주고 지켜 주고, 보호하시는 하나님의 모습입니다.

> [1]내가 산을 향하여 눈을 들리라 나의 도움이 어디서 올까 [2]나의 도움은 천지를 지으신 여호와에게서로다 [3]여호와께서 너를 실족하지 아니하게 하시며 너를 지키시는 이가 졸지 아니하시리로다 [4]이스라엘을 지키시는 이는 졸지도 아니하시고 주무시지도 아니하시리로다_시 121:1~4

실족하지 않게 한다는 말은 헛발을 디디지 않게 한다는 뜻입니다. 무의식 중에 가다가 계단에서 발을 헛디디거나 땅이 패인 곳을 모르고 지나가다 헛디디는 경우가 있습니다. 헛디디는 것은 전혀 예측하지 못했기 때문입니다. 예측했다면 헛디딜 이유가 없습니다. 전혀 생각하지 못했기 때문에 헛디디는 것입니다. 그런데 하나님께서는 우리가 헛디디지 않도록 지켜 주신다는 것입니다.

"졸지도, 주무시지도 아니하신다"는 것은 내 생각과 한계를 뛰어넘는 상황에서도 나를 지켜 주신다는 의미입니다. 부모가 자녀를 온 맘을 다해 보호하고 지킵니다. 하지만 365일, 24시간, 눈을 떼지 않고 지킬 수 없습니다. 눈을 떼지 않고 지켜봐도 눈 앞에서 아이가 사고를 당하는 경우도 많습니다. 그런데 하나님은 눈을 떼지 않고 우리를 지키신다고 합니다. 오직 그분만이 우리 인생을 완벽하게 지키고 보호할 수 있는 분임을 말씀하는 것입니다.

여호와께서 너를 지켜 모든 환난을 면하게 하시며 또 네 영혼을 지키시리로다_시 121:7

이것이 하나님께서 우리에게 주신 약속입니다. 환난 가운데서, 즉 재난, 위험, 실패, 절망스러운 사건에서 우리를 지켜 주시겠다고 약속하십니다.

성경을 읽을 때 그냥 보는 것보다 역사와 문화를 이해하면 성경의 의미를 명확하게 알 수 있습니다. 역사를 아는 것이 그래서 중요합니다. 신약과 구약 사이에는 400년이라는 세월의 간격이 있습니다. 그 시간을 신·구약 중간기라고 합니다. 구약에는 없던 개념이 신약에 갑자기

생긴 것은 이 시기의 산물입니다. 사두개인이나, 바리새인, 열심당 같은 것이 그 예입니다. 이런 개념들을 이해하기 위해서는 역사를 알아야 하는 것입니다.

🍂 성경, 역사와 문화

구약시대는 페르시아가 지중해의 패권을 잡으면서 끝납니다. 그 후 바사 즉 페르시아를 알렉산더 대왕이 정복합니다. 알렉산더 대왕은 세계를 정복하고 일찍 죽습니다. 그래서 그 거대한 나라가 나뉘게 됩니다. 나뉜 나라 중에 이스라엘은 프톨레마이오스 왕조의 지배를 받게 됩니다. 당시 프톨레마이오스 왕조는 그리스 문화를 전파시켰는데, 알렉산드리아라는 도시를 중심으로 이집트를 세계적인 헬라 문화의 본거지로 만들었습니다. 헬라 문화를 대표하는 알렉산드리아 도서관도 그곳에 있습니다.

　프톨레마이오스 왕조의 영향을 받던 이스라엘은 터키, 시리아 쪽에 있었던 셀레우코스 왕조가 내려오면서 셀레우코스 왕조의 속국이 됩니다. 셀레우코스 왕조 또한 그리스, 헬라 문화권의 나라였는데, 당시 '에피파네스'라고 불렸던 안티오쿠스 4세는 굉장히 잔인한 사람이었습니다. 그는 이스라엘의 성전을 제우스 신전으로 만들었습니다. 제우스 신상과 돼지 머리를 하나님의 성전 안에 놓고 제사를 드렸습니다. 그렇게 너무나 기가 막히는 현실을 이스라엘은 겪어야 했습니다.

그때 '마카비'(쇠망치)라는 별명을 지닌 하스몬 가문의 셋째, 유다가 일어나 셀레우코스 왕조에 대항합니다. 그 항쟁이 성공하면서 이스라엘은 잠시나마 독립 국가가 됩니다. 이스라엘 역사에서 마카비는 영웅 중에 영웅으로 불립니다. 그는 하나님의 성전을 회복하고 어느 강대국의 속국이 아니라 정치·경제적으로 독립된 나라를 이루자고 했고, 많은 사람이 동참했습니다.

　　하나님께서는 역사를 통해서 이스라엘을 택하신 이유를 분명히 보여 주십니다. 이스라엘은 지리적으로 아시아와 아프리카의 교차점에 위치하고 있습니다. 세계 정서에 가장 민감하고, 항상 공격받을 수 있는 곳입니다. 작은 이스라엘은 대제국에 의해 흔들릴 수밖에 없었습니다. 하지만 그럼에도 불구하고 하나님께서 그들을 어떻게 지키셨는가를 발견할 수 있습니다. 그때 패권을 잡았던 대제국은 무너졌습니다! 그런데 이스라엘은 2천년 동안 나라를 잃고 세계에 흩어져 살았지만 하나님께서 지키셨습니다. 그리고 그들을 지키셨던 하나님께서 우리 또한 어떻게 지키시는가를 보여 주십니다. 그 하나님의 섭리가 역사 속에 담겨 있기에 역사를 이해할 때 하나님의 섭리가 무엇인지를 깨달을 수 있는 것입니다.

　　신약시대에 와서 이스라엘은 다시 로마의 압제에 있었지만, 이스라엘의 독립을 꿈꾼 사람들이 뜻을 합하여 당을 만들었습니다. 그들이 바로 열심당원입니다 예수님께서 오셨을 때도 이스라엘 내에서 독립 운동이 계속되고 있었습니다. 그래서 사람들은 예수님을 정치적, 경제적 메시아로 따르려고 했습니다. 그런데 자신들이 생각했던 것과 다르자 예수님을 십자가에 못 박은 것입니다. "마카비보다 더 대단한 일을 할 줄 알았는데, 민족을 살릴 메시아가 될 줄 알았는데 아니었다"면서 배신한 것입니다. 이처럼 역사를 이해하면 하나님께서 우리에게 무엇을 말씀하시는지 알 수 있게 됩니다. 역사를 통해 성경을 더 잘 이해하게 됩니다.

성경을 잘 이해하기 위해서는 역사뿐만 아니라 문화도 알아야 합니다. 당시 문화적 배경을 알면 성경의 사건들을 그냥 지나가지 않고 그 말씀 속에 담긴 진정한 의미를 알 수 있습니다.

당시 이스라엘 문화에서 방위를 이야기할 때, 앞을 본다고 하면 동쪽을 가리킵니다. 앞이 동쪽이라면 좌측이 북쪽이 되는 것입니다. 그리고 뒤쪽은 서쪽이 되고 오른쪽은 남쪽이 됩니다. 이 개념을 가지고 〈시편〉 121편을 다시 한 번 보십시다.

> [5]여호와는 너를 지키시는 이시라 여호와께서 네 오른쪽에서 네 그늘이 되시나니 [6] 낮의 해가 너를 상하게 하지 아니하며 밤의 달도 너를 해치지 아니하리로다
>
> _ 시 121 : 5~6

하나님께서 우리를 지키시는 그림을 어떻게 그리고 있습니까? "오른쪽에서 네 그늘이 된다"는 것입니다. 문화적 배경으로 여기서 오른쪽은 남쪽입니다. 사막에서 해가 가장 뜨거워 힘들 때가 12시에서 4시 사이입니다. 가장 뜨거운 정오에 해는 남쪽에 있습니다. 이스라엘 방위 개념으로 오른쪽입니다. "내가 오른쪽에서 네 그늘이 된다"는 하나님의 말

씀은 바로 남쪽에서 오는 해를 막아 주겠다,
지켜 주겠다는 것입니다.

사막 기후에 두 가지만 있으면 어느 곳보
다 좋은 날씨가 됩니다. 첫 번째는 물이고, 두
번째로 그늘입니다. 사막에서 살고 있는 사람
들, 대표적으로 베드윈 족 복장을 보면, 온몸
을 천으로 다 가립니다. 우리나라는 여름에
습도가 높기 때문에 그렇게 입으면 안 되지만

이 말씀은 광야와 사막을
경험하고 있는 이스라엘
백성의 피부에 와 닿는 이
야기였을 것입니다.
"그래, 내가 가장 힘들 때
하나님께서는 나를 지켜
주시는 구나."

사막은 그렇게 두르는 것이 더 시원합니다. 습도가 낮기 때문에 일단 그
림자만 생기면 시원한 것입니다. 하나님께서 그런 그늘이 되어 주시겠
다는 것입니다. 하나님께서 "내가 너를 오른쪽에서 지켜 주겠다. 너를
무너뜨리는 태양을 내가 막아 주겠다"라고 말씀하시는 것입니다. 이 말
씀은 광야와 사막을 경험하고 있는 이스라엘 백성에게 피부에 와닿는
이야기였을 것입니다. "그래, 내가 가장 힘들 때 하나님께서는 나를 지
켜 주시는 구나."

성경에는 이런 표현이 많습니다.

> 내가 여호와를 항상 내 앞에 모심이여 그가 나의 오른쪽에 계시므로 내가 흔들리
> 지 아니하리로다 _ 시 16:8

> 그가 궁핍한 자의 오른쪽에 서사 그의 영혼을 심판하려 하는 자들에게서 구원하
> 실 것 임이로다 _ 시 109: 31

정오의 해를 가려 주듯이 나를 보호하고 지키시고 함께해 주신다는 것입니다.

우리는 사막과 광야와 같은 인생을 살고 있습니다. 정오에 내리쬐는 태양으로 숨쉴 수 없는 상황을 경험합니다. 하지만 하나님께서 우리의 우편에서 그늘을 만들어 주겠다고 약속하십니다. 사막의 대표적 어려움인 더위로부터 지켜 주겠다고 말씀하는 것입니다.

사막에서 경험하는 대표적인 어려움이 더위라면, 두 번째는 추위입니다. 사막은 낮에 무척 덥습니다. 하지만 밤에는 정말 춥습니다. 종종 사막에서 동사하는 일들이 발생하는 이유가 여기에 있습니다. 사람들은 사막에 갈 때, 여름 옷만 가져가면 된다고 생각합니다. 그러나 실제는 여름옷은 없어도 겨울옷은 반드시 있어야 하는 곳이 사막입니다. 그렇게 덥고 추운 사막을 걷고 있는 인생을 향해 하나님께서 이렇게 말씀하십니다.

낮의 해가 너를 상하게 하지 아니하며 밤의 달도 너를 해치지 아니하리로다

_ 시 121 : 6

추위와 더위 속에서 너를 지켜 주겠다는 것입니다. 이스라엘 백성이 광야를 걸어갔던 그 세월을 이야기하면서 이런 표현과 상황들을 많이 보여 주십니다.

19주께서는 주의 크신 긍휼로 그들을 광야에 버리지 아니하시고 낮에는 구름 기둥이 그들에게서 떠나지 아니하고 길을 인도하며 밤에는 불기둥이 그들이 갈 길

을 비추게 하셨사오며 ²⁰또 주의 선한 영을 주사 그들을 가르치시며 주의 만나가 그들의 입에서 끊어지지 않게 하시고 그들의 목마름을 인하여 그들에게 물을 주어 ²¹사십 년 동안 들에서 기르시되 부족함이 없게 하시므로 그 옷이 해어지지 아니하였고 발이 부르트지 아니하였사오며 _ 느 9:19~21

이스라엘 백성이 광야를 갈 때 낮에는 구름 기둥으로 밤에는 불기둥으로 인도하셨습니다. 또한 낮의 구름으로 시원하게 사막을 지나갈 수 있습니다. 밤에 불이 있으면 따뜻해서 잘 수 있습니다. 하나님께서는 필요에 따라 우리를 인도하고 도와주십니다.

여호와께서 그를 황무지에서, 짐승이 부르짖는 광야에서 만나시고 호위하시며 보호하시며 자기의 눈동자 같이 지키셨도다 _ 신 32:10
⁵여호와께서 거하시는 온 시온 산과 모든 집회 위에 낮이면 구름과 연기, 밤이면 화염의 빛을 만드시고 그 모든 영광 위에 덮개를 두시며 ⁶또 초막이 있어서 낮에는 더위를 피하는 그늘을 지으며 또 풍우를 피하여 숨는 곳이 되리라_사 4:5~6

성경은 이렇게 여러 가지 그림을 그려 주면서 "내가 너를 지킨다! 보호한다! 너를 도와준다!" 말씀합니다. 믿음의 사람을 보면 그들 인생 어떤 상황에서도 하나님께서 지켜 주셨습니다. 문제가 없고 실패를 경험하지 않은 것이 아닙니다. 눈물나는 상황을 경험하지 않은 것이 아닙니다. 그럼에도 불구하고 하나님께서 지키시고, 인도하시고, 붙잡아 주시는 섭리를 발견합니다. 요셉의 인생이 그렇습니다. 아브라함의 인생도 그렇습니다. 야곱도 마찬가지입니다.

⁴⁰내가 이와 같이 낮에는 더위와 밤에는 추위를 무릅쓰고 눈 붙일 겨를도 없이 지냈나이다 ⁴¹내가 외삼촌의 집에 있는 이 이십 년 동안 외삼촌의 두 딸을 위하여 십사 년, 외삼촌의 양 떼를 위하여 육 년을 외삼촌에게 봉사하였거니와 외삼촌께서 내 품삯을 열 번이나 바꾸셨으며 _ 창세기 31 : 40~41

더위로 탈진하고 추위로 힘든데 가장 가까운 사람에게까지 배신당합니다. 분명히 약속해 놓고 그것을 깨뜨립니다. 우리 인생에도 이런 상황이 얼마나 많습니까? 분명히 그 사람이 약속했는데 그 약속이 깨집니다. 어려운 일을 당합니다. 왜 나에게 이런 일이 일어나는가 합니다. 그것이 바로 야곱이 경험한 사건입니다.

그런데 하나님께서 야곱을 지켜 주셨습니다. 말도 안 되는 계약이지만 하나님께서 지키고, 도우시고, 보호해 주셨습니다. 인간의 계산으로는 상상할 수도 없는 멋진 일들이 일어났습니다.

🍃 우리를 향한 하나님의 마음

여러분의 인생에서 추위를 경험하십니까? 더위를 경험하십니까? 계약이 파기되었습니까? 약속이 날아가 버렸습니까? 부도났습니까? 말도 안 되는 계산 때문에 허덕이고 있습니까? 그 사람이 노예 계약을 하고 있다고요? 아닙니다. 그 모든 것이 내 인생을 사막과 광야와 같이 만들고 있을지라도 하나님께서는 이렇게 말씀하십니다.

"그 상황 속에서 내가 너를 지킨다! 내가 너를 보호한다! 내가 너를 도와줄 것이다!"

우리를 향한 하나님의 마음을 〈로마서〉 8장 32절에서 읽습니다.

> 자기 아들을 아끼지 아니하시고 우리 모든 사람을 위하여 내주신 이가 어찌 그
> 아들과 함께 모든 것을 우리에게 주시지 아니하겠느냐

우리가 멸망으로 가는 것을 볼 수 없어서 하나님께서는 아들의 목숨을 내어 주면서까지 우리를 사랑했습니다. 하나님의 사랑은 말로만 하는 사랑이 아닙니다. 공허한 사랑이 아닙니다. 목숨까지 내어 주신 십자가의 사랑입니다.

문제는 우리가 아는 것과 살아가는 것은 다르다는 것입니다. 하나님께서 우리의 모든 것을 지켜 주실 것이라고 알고 있습니다. 그러나 삶으로 들어가면 그렇게 살지 못합니다. 솔직히 말하면 믿고 있는 다른 것이 있습니다. 하나님을 믿는 것이 아니라 나의 소유를 믿습니다. 내가 가진 돈, 능력, 학식과 주변의 어떤 사람을 믿고 있습니다. 우리가 하나님을 믿으면서도 인생이 피곤한 이유가 여기에 있습니다. 하나님이 나를 인도하시는 것은 알지만 삶은 그렇게 살지 않아서 피곤한 것입니다. 힘든 것입니다.

정말 하나님이 나를 사랑하시고 나의 모든 것들을 보호하시고 삶의 어떤 순간에도 나를 건져 주실 것이라는 확신이 있다면 그렇게 하지 않을 것입니다. 믿음이 다른 데 있습니다. 하나님께서 역전의 드라마, 반전의 드라마를 보여 주시고, 나를 지키고 보호하실 분이라고 믿는다면,

온전한 십일조를 드릴 수 있습니다. 그런데 이걸로 다른 거 할 수 있는데 합니다. 사실 돈을 믿고 있는 것입니다. 우리가 하나님의 마음이 무엇인지를 생각하면서 인생을 크게 살아야 하는데 우리는 작은 생각으로 돈을 믿고 삽니다. 내 능력, 내 경험, 내 계산을 믿고 있습니다. 그러다가 가끔 안 되는 일이 있으면 "하나님 이렇게 해주시면 좋겠네요" 합니다. 하나님을 믿는 것이 아니라 내가 믿는 것을 위해 하나님을 부려 먹는 상황이 되는 것입니다.

우리 교회 한 청년이 처음으로 취직했습니다. 그리고 첫 달에 자신이 받은 월급 전체를 하나님께 드렸다는 이야기를 들었습니다. 그 이야기를 들으며 얼마나 제 마음이 뜨거워지던지 "하나님! 무조건 책임져 주십시오. 돈을 따르는 인생이 아닌 하나님을 쫓아갈 줄 아는 그 사람을 언제나 지켜 주십시오. 보호해 주십시오" 하고 기도했습니다.

너 정말 나를 믿니?

저는 개인적으로 하나님 앞에서 제 이름으로 된 어떤 것도 소유하지 않겠다고 서원했습니다. 그렇게 결심하고 하나님께 서원한 것은 제 자신이 뛰어나고 괜찮아서가 아닙니다. 사실은 제 자신을 제가 가장 잘 알기 때문입니다. 사람의 욕심은 가지면 가질수록 더 가지고 싶습니다. 더 많이 소유하고 싶은 것이 사람의 마음입니다. 나의 죄성을 알고, 내 부족을 알기 때문에 그렇게 기도한 것입니다.

"하나님 제가 나의 이름으로 된 어떤 것도 소유하지 않겠습니다."

이 고백은 제 자신이 돈 믿지 않고 하나님만 믿겠다는 것입니다. 타성으로 인생을 살면서 잘못 갈 수 있는 상황들을 사전에 차단하겠다는 것입니다. 우리 삶에서 열심히 무엇을 하는 것이 중요한 것이 아닙니다. 오히려 열심히 하는 것이 우리 인생을 잘못되게 만들 수 있습니다. 교회에서 어떤 일을 열심히 하는 것보다 더 중요한 것이 있습니다. 정말로 하나님을 믿고 있느냐는 것입니다. 다른 것 믿지 않고 정말로 내가 하나님을 믿고 있느냐는 것입니다. 교회에 와서 예배를 드리는 것보다 더 중요한 것은 "내가 하나님을 믿고 있느냐"입니다. 그분이 내 인생을 책임지고, 붙잡아 주며, 보호할 것이라는 그 믿음이 있느냐는 것입니다.

하나님께서 야곱과 요셉과 이삭을 인도하신 것처럼 우리의 인생도 인도하실 것입니다. 그 믿음이 있습니까? 하나님께서는 계속 나를 향해 오고 계십니다. 하나님의 것을 계속 보여 주시는데, 우리는 다른 것을 보고 있지는 않은가요? 하나님이 정말 나의 인생을 책임지실 분이라는 사실을 안다면 우리는 다른 삶을 살 수 있습니다. 주님께서 우리에게 질문하십니다.

"정말 네가 나를 믿고 있니? 혹시 네가 믿는 것이 어떤 사람 아니니? 돈 아니니? 능력, 경험, 계산 아니니?"

어떻게 대답하시겠습니까? 아들의 목숨까지 내어 주신 하나님께서 다른 모든 것을 은사로 주실 것입니다. 우리 믿음이 다시 주님께 있도록 하십시다. 주님께서 우리에게 지금 예배드리고 있느냐, 어떤 일을 하느냐고도 묻지 않으십니다. 정말 나를 믿고 있느냐고 물으십니다. 대답이 준비되어 있나요?

✳ 우리들의 나침반

¹내가 산을 향하여 눈을 들리라 나의 도움이 어디서 올까 ²나의 도움은 천지를 지으신 여호와에게서로다 ³여호와께서 너를 실족하지 아니하게 하시며 너를 지키시는 이가 졸지 아니하시리로다 ⁴이스라엘을 지키시는 이는 졸지도 아니하시고 주무시지도 아니하시리로다 ⁵여호와는 너를 지키시는 이시라 여호와께서 네 오른쪽에서 네 그늘이 되시나니 ⁶낮의 해가 너를 상하게 하지 아니하며 밤의 달도 너를 해치지 아니하리로다 ⁷여호와께서 너를 지켜 모든 환난을 면하게 하시며 또 네 영혼을 지키시리로다 ⁸여호와께서 너의 출입을 지금부터 영원까지 지키시리로다 _〈시편〉 121:1~8

찬양 듣기

10

리브가 스토리

믿음의 조상 아브라함이 가나안 정착민들을 만날 때 자신을 이렇게
소개합니다.

> 나는 당신들 중에 나그네요 거류하는 자이니 당신들 중에서 내게 매장할 소유
> 지를 주어 내가 나의 죽은 자를 내 앞에서 내어다가 장사하게 하시오 _ 창 23:4

　아브라함은 자신을 '나그네, 거류하는 자'라고 표현합니다. 한 마디
로 유목민이라는 것입니다. 그의 인생을 살펴보면 무척 극적인 사건들
이 있습니다. 첫 번째로 중요한 사건은 〈창세기〉 12장에서 하나님이 그
를 부르시는 것입니다. "너는 너의 본토 친척 아비의 집을 떠나 내가 네

게 지시할 땅으로 가라"했습니다. 그 부르심으로 그는 갈대아 우르에서 출발하여 하란을 거쳐 가나안까지 오게 됩니다. 광야와 사막을 지나서 말입니다. 어쩌면 바로 이때가 아브라함의 인생에 가장 중요한 시기라는 생각이 듭니다.

🍃 내가 네 마음을 보았다

아브라함의 두 번째 인생 고비는 100세에 아들을 낳았을 때입니다. 하나님께서 그를 부르시고 하늘의 별과 땅의 모래와 같이 자손들을 많이 주신다고 약속하셨습니다. 하지만 그 이후에도 아브라함에게 자녀가 없었습니다. 오랜 기다림 끝에 아브라함은 100세가 되어서야 아들 이삭을 얻게 됩니다. 그러나 하나님은 그 아들을 모리아 산에서 번제로 드리라고 했습니니다. 각을 떠서 태우라는 것입니다. 아브라함 입장에서는 기가 막힐 일이었을 것입니다. 물론 하나님이 이삭을 죽이려고 하신 것은 아니었습니다. 하나님께서는 친히 양을 준비하셨습니다. 여호와 이레라는 말이 여기서 유래가 되었습니다. 이 사건을 통해 우리는 미리 준비하시는 하나님을 배우게 됩니다. 아브라함의 순종을 보시고 하나님은 "네가 나를 얼마나 사랑하는지 네 마음을 보았다"라고 말씀하십니다. 이 모리아 사건은 그의 인생에서 지울 수 없는 장면이었을 것입니다.

그 다음 중요한 일은 이삭을 장가보내는 일, 즉 며느리를 얻는 일입니다. 〈창세기〉 14장이 바로 그 이야기를 하고 있습니다. 아브라함의 인생에서 중요한 사건들을 살펴보면, 각 사건에 대해 길게 설명하지 않습니다. 그런데 이삭을 장가 보내는 일, 며느리를 얻는 장면은 아브라함의 생에서 어떤 사건보다 길고 자세히 설명하고 있습니다. 다시 말해서 이삭이 장가가고 아브라함이 며느리를 얻는 이 사건이 굉장히 중요한 일이라는 것입니다.

이야기는 다음과 같습니다. 아브라함이 자신의 종을 부릅니다. 그에게 이삭을 가나안 여자와 결혼시킬 수 없으니 하란 즉 밧단 아람으로 가서 신부를 구해 오라고 명령합니다. 성경을 읽어 보면, 아브라함의 종이 얼마나 신중하고 충성스러운 사람인지 알 수 있습니다.

이 종은 명령을 받고 낙타 열 필과 함께 하란으로 떠납니다. 광야를 지나는 긴 여정이었습니다. 도착하자 아브라함의 종이 기도를 드립니다. "제가 도착했을 때 저뿐만 아니라 낙타들에게도 물을 주는 여인이 우리 주인, 아브라함의 며느리로 점 찍은 사람인줄 알겠습니다." 그리고 낯선 여인에게 다가가 물을 달라고 합니다. 〈창세기〉 24장입니다.

¹⁵말을 마치기도 전에 리브가가 물동이를 어깨에 메고 나오니 그는 아브라함의 동생 나홀의 아내 밀가의 아들 브두엘의 소생이라 ¹⁶그 소녀는 보기에 심히 아리땁고 지금까지 남자가 가까이 하지 아니한 처녀더라 그가 우물로 내려가서 물을 그 물동이에 채워가지고 올라오는지라 ¹⁷종이 마주 달려가서 이르되 청하건대 네 물동이의 물을 내게 조금 마시게 하라 ¹⁸그가 이르되 내 주여 마시소서 하며 급히 그 물동이를 손에 내려 마시게 하고 ¹⁹마시게 하기를 다하고 이르되 당신의 낙타를 위하여서도 물을 길어 그것들도 배불리 마시게 하리이다 하고 ²⁰급

히 물동이의 물을 구유에 붓고 다시 길으려고 우물로 달려가서 모든 낙타를 위하여 긷는지라

물을 달라고 했을 때 리브가는 아브라함의 종에게 물을 줄 뿐 아니라 데리고 온 낙타들도 물을 먹게 해주었습니다. 낙타가 한 번 물을 마시는 양은 사이다 병으로 계산해서 170병입니다. 낙타가 10마리라고 하면 총 1700병을 준 것입니다. 그 물의 양은 약 50리터이고, 무게로 환산하면 50kg입니다.

사막에서 가장 중요한 물을 한 바가지만 준 것이 아니라 사이다 병으로 1700병이나 준 것입니다. 성경을 읽어 보면 "물을 길어서" 주었습니다. 50kg을 길어서 주려면 얼마나 힘이 들었을까요? 자신의 온 에너지를 소진하면서 준 것입니다. 낯선 사람이지만 자신의 도움을 필요로 하는 이에게 나눠 준 리브가가 결국 아브라함의 며느리, 이삭의 아내, 야곱과 에서의 엄마가 됐습니다. 리브가를 하나님의 구속의 역사에 중요한 인물 중 한 사람으로 만드셨던 것입니다.

족장 시대에 중요한 막후 역할을 한 사람이 바로 리브가입니다. 하나님께서 그녀를 사용하셨습니다. 수십억, 수백억의 사람 가운데 그녀의 인생을 축복하시고, 붙잡아 주신 것입니다. 이 이야기를 통해 하나님은 말씀하십니다. 하나님의 역사, 하나님의 축복은 우리의 것을 나누고 베푸는 일에서 출발한다는 것을 말입니다. 나눔은 셀 수 없는 하나님의 부요를 가져온다는 것을 보여 주고 있습니다.

🪶 축복이 시작되는 곳

리브가가 하나님의 역사를 경험할 수 있었던 가장 중요한 이유는 낯선 사람임에도 불구하고 최선을 다해 그의 필요를 채워 주었기 때문입니다. 나누고 베풀었습니다. 요즘 카카오톡 등을 통해 재밌는 이야기나 동영상이 많이 오가는데, 최근 가장 많이 받은 것은 '인생에서 꼭 필요한 5가지 끈'이라는 글이었습니다. 5가지 끈이란 첫 번째로 '매끈'입니다. 매끈은 좋은 매너와 좋은 성품입니다. 두 번째로 '발끈'입니다. 발끈은 도전과 오기를 말합니다. 잘못되었다고 포기하지 말고 다시 일어서고자 하는 발끈이 있어야 합니다. 세 번째는 '화끈', 열정입니다. 우리는 열정으로 하나님의 사명을 감당해야 합니다. 네 번째는 '질끈'입니다. 눈을 한 번 감아 주라는 것입니다. 용서하라는 말입니다. 사실 인생이 힘든 이유 중에 하나는 내가 너무 예민하기 때문입니다. 너무 예민하면 스스로 힘들 뿐만 아니라 남도 고달프게 합니다. 마지막 다섯 번째는 '따끈'입니다. 차갑고 계산적인 사람이 아니라 베풀 줄 아는 사람이 되어야 한다는 것입니다.

제가 시무하는 교회는 영성을 '용감거목'이라고 표현합니다. '용서와 용납', '감사와 나눔', '거룩한 갈망', '목숨 건 열정'의 머리글자를 딴 말입니다. 이 중에서 감사와 나눔은 함께 가는 것을 말합니다. 감사하면 나누게 되고 나누면 감사하게 됩니다. 우리는 먼저 나눌 줄 알아야 합니다.

선을 행하고 선한 사업을 많이 하고 나누어 주기를 좋아하며 너그러운 자가 되게 하라 _ 딤전 6:18

사업을 많이 하라고 하는데, 이것은 선한 사업입니다. 우리 모두가 나눠 주기를 좋아하고 너그러운 자가 돼야 합니다. 너그럽다는 말은 인생을 계산적으로 살지 않는 것입니다.

하나님께서 우리에게 보여 주신 원리 가운데 하나가 여기 있습니다. 성경은 우리에게 나눔이 먼저라고 이야기하고 있습니다. 세상은 우리에게 있어야 나눈다고 합니다. 하지만 성경은 나누면 부요하게 될 것이라고 말씀합니다.

[7]네 하나님 여호와께서 네게 주신 땅 어느 성읍에서든지 가난한 형제가 너와 함께 거주하거든 그 가난한 형제에게 네 마음을 완악하게 하지 말며 네 손을 움켜 쥐지 말고 [8]반드시 네 손을 그에게 펴서 그에게 필요한 대로 쓸 것을 넉넉히 꾸어 주라 …… [10]너는 반드시 그에게 줄 것이요, 줄 때에는 아끼는 마음을 품지 말 것이니라 이로 말미암아 네 하나님 여호와께서 네가 하는 모든 일과 네 손이 닿는 모든 일에 네게 복을 주시리라 _ 신 15:7~8,10

순서를 그르치면 모든 것이 잘못됩니다. 아파트에 들어가려는데 문이 잠겨 있습니다. 들어가려면 어떻게 해야 합니까? 열쇠로 열어야 합니다. 그런데 문을 부수고 들어가서 열쇠로 여는 사람이 있다면 바보입니다. 열쇠로 먼저 여는 것이 순서입니다. 너무나 당연한 것입니다. 하나님께서는 우리에게 당연한 원리를 말씀하시는데 우리는 계속 세상의 원리를 따릅니다. 세상의 원리는 늘 하나님과 반대입니다. 주님은 우리에게 말씀하십니다. 나누면 부요하게 될 것이다.

건강하게 장수하는 사람들에게 공통된 특징 두 가지가 있습니다. 첫 번째는 소식이고, 두 번째는 운동입니다. 정말 대단한 걸로 장수하는 사람은 없습니다. 몸에 좋은 뱀 잡아 먹고, 산삼 먹는다고 장수하는 사람을 보지 못했습니다. 그런데 이 두 가지로는 모두 장수합니다.

그런데 이 '소식'과 '운동'에 하나님의 진리가 담겨 있습니다. 소식과 운동은 내 안에 에너지를 쌓아 두지 말라는 것입니다. 에너지를 쌓아 두면 병이 됩니다. 쌓아 놓지 말고 그 에너지를 쓸 때 건강해지는 것이 하나님의 창조 법칙입니다.

인생과 우리의 몸은 똑같습니다. 우리가 쌓아 놓는 한 우리는 불행해질 수밖에 없습니다. 소유를 쫓는 인생만큼 힘든 인생이 없습니다. 돈 따라가지 말고 다른 이들과 어떻게 나눌지를 고민해야 하는 이유가 이것입니다. 오 리를 가자고 할 때 십 리를 가야 합니다. 오 리는 의무입니다. 오 리만 가면 내 의무는 끝입니다. 그러나 주님은 십 리를 가라고 합니다. 의무감을 뛰어넘어 열정으로 사는 삶을 살라는 것입니다. 오 리를 가자고 했는데 십 리를 가면 그만큼 손해지만, 그 손해 보는 길을 선택하라고 하십니다. 이는 네가 가지고 있는 것을 나누라는 말씀입니다. 그때 하나님이 누구신지를 내 삶에서 경험할 수 있습니다.

내 생각으로 살면서 어떻게 하나님의 능력을 경험합니까? 하나님의 원리를 붙들고 살아야 하나님의 역사를 경험할 수 있습니다.

숨쉬기는 들숨과 날숨이 있어야 합니다. 그리고 들숨과 날숨 중에 더 중요한 것은 날숨입니다. 우리가 내쉬는 것이 6이고 들여마시는 것이 4일 때 복식 호흡이고, 우리 몸을 이롭게 합니다. 즉 내 뱉는 것, 나누는 것이 먼저라는 것입니다. 이 하나님의 말씀을 붙들 수 있는 것이 믿음입니다. 〈잠언〉 11장 24~25절을 보십시오.

> ²⁴흩어 구제하여도 더욱 부하게 되는 일이 있나니 과도히 아껴도 가난하게 될 뿐이니라 ²⁵구제를 좋아하는 자는 풍족하여질 것이요 남을 윤택하게 하는 자는 자기도 윤택하여지리라

남을 잘되게 하면, 자신이 잘됩니다. 어느 누가 깍쟁이 같은 사람을 만나고 싶어하겠습니까? 다 있어도 순서가 틀리면 다 뒤틀리는 것입니다. 그러므로 우리 인생의 톱니바퀴를 다시 조정해야 합니다. 우리는 악순환의 톱니바퀴를 굴립니다. 내가 먼저 있어야지 하며 소유를 위해서 숨차게 뛰어갑니다. 그리고 인생의 황혼에서 내가 왜 이것 때문에 내 인생을 그렇게 살았는가 후회합니다. 소유를 위해 뛰는 것이 아니라 어떻게 하면 나누고, 남을 감동시키고, 다른 이를 윤택하게 할 것인가를 생각하는 사람들은 그 과정 속에서 하나님이 주시는 행복과 기쁨과 감사가 무엇인지를 경험하면서 살아갈 수 있습니다. 주님이 우리에게 "악순환으로 돌아가던 우리의 인생을 선순환으로 만들어야 한다"라고 말씀하십니다. "어떻게 할 때 하나님을 경험하고 체험할 수 있었습니까?" 하고 저에게 물으면, 저는 주저 없이 이렇게 대답합니다.

"내 이익보다 하나님이 원하시는 일을 했을 때, 내가 욕심부리기보다 더 나누려고 했을 때, 하나님이 나의 삶을 멋지게 인도해 주셨습니다."

나누는 인생이 행복한 인생입니다.

모세가 십계명을 받기 위해 시내산에 올라갔을 때 밑에 있던 이스라엘 백성은 금송아지를 만들어 놓고 그 신상 앞에 절하고 있었습니다. 그곳에 수십만의 사람이 모여 있었습

소유를 위해 뛰는 것이 아니라 어떻게 하면 나누고, 남을 감동시키고, 다른 이를 윤택하게 할 것인가! 생각하는 사람들은 그 과정 속에서 하나님이 주시는 행복과 기쁨과 감사가 뭔지를 경험하면서 인생을 살아갈 수 있습니다.

니다. 그러나 거기 하나님은 계시지 않았습니다. 교회가 얼마나 더 커지느냐, 얼마나 인정받느냐보다 더 중요한 것은, 교회 안에 하나님의 뜻이 이루어지는 것입니다. 우리가 이런 의식을 가지고 신앙생활 할 때 거기서 하나님을 경험할 수 있습니다. 정말 중요한 것은 우리가 "하나님의 일을 하고 있느냐"입니다.

나의 아성을 만들려 하고, 뭔가를 보여 주거나, 뭔가를 세우려고 한다면 그것이 바벨탑입니다. 하나님은 우리에게 한 번도 그렇게 말씀하신 적이 없습니다. 하나님께서는 우리에게 "먼저 나눠라! 네가 큰 것을 소유하려고 하기 전에 먼저 나눌 수 있는 마음이 있을 때 너의 삶 속에서 내가 누군지 경험할 수 있다"라고 말씀하십니다. 우리 인생의 순서를 바꿔야 합니다. 마음을 열고 손을 내밀어야 합니다. 누구에게 다가가야 하는지, 어떻게 나누는 삶을 살아야 하는지 기도하며 그런 마음을 주님께 드려야 합니다.

🍃 브랜든 포스터 이야기

11살인 브랜든 포스터는 백혈병에 걸린 소년입니다. 힘든 치료를 마치고 집으로 가는 중에 엄마는 소년에게 소원을 묻습니다. 소년은 차 밖으로 보이는 노숙자들에게 샌드위치를 만들어 주고 싶다고 말합니다. 엄마는 이 이야기를 인터넷에 올렸고, 사연을 본 사람들의 기부금이 미국 전역에서 모였습니다. 브랜든의 마지막 소원 덕분에 2주 동안 3500명의 노숙자들은 끼니를 해결할 수 있었습니다. 지금 브랜든은 이 세상에 없지만 그가 남기고 간 온기는 많은 사람의 가슴에 남아 있습니다. 이 아이의 이야기를 들으면서 얼마나 눈물이 났는지 모릅니다.

우리의 마지막이 이 아이와 같이 아름다울 수 있다면, 얼마나 가치 있는 인생일까요? 우리가 소유에 급급해 하며 인생을 힘들고 피곤하게 살지 말고, 다른 이들과 함께 손을 잡을 수 있다면 얼마나 멋진 인생이 되겠습니까? 잘못 굴러가던 톱니바퀴를 다시 조정해야 된다고 코페르니쿠스적인 발상의 전환이 있어야 된다고, 다시 시작해야 한다고 주님께서 말씀하십니다.

데이비드 플랫의 책 《래디컬 투게더》는 미국 버밍햄에 있었던 한 교회 성도에게 일어난 일을 목사가 기록한 것입니다. 그 교회는 모자라고 불편한 것들이 많았습니다. 그런데 그들이 더 쓰기보다 도움이 필요한 이들에게 어떻게 나눌 것인지에 관심을 모았습니다. 거기서 하나님의 기적을 경험하고 하나님이 누구신지를 만나게 되었습니다. 저는 교회가 그런 교회가 되어야 한다고 믿습니다. 우리끼리 잘 먹고, 잘 쓰고,

편리하게 지내는 것이 아니라, 우리를 필요로 하는 사람들에게 베풀어야 하는 것입니다. 하나님께서 그런 교회에 하나님의 기적이 무엇인지를 보여 주지 않으시겠습니까? 하나님의 능력이 무엇인지를 보여 주시지 않겠습니까? 하나님의 교회는 그래야 합니다. 또한 우리 각자가 그런 삶을 살아야 합니다.

리브가 스토리를 읽다가 한 단어에 집중하게 되었습니다. 리브가가 아브라함의 종뿐만 아니라 낙타에게 물을 줄 때 '급히' 나누고 베풀었다는 것입니다. 그녀는 주저하지 않았습니다. 지금 여러분 주위에 손을 내밀고 있는 어떤 사람, 여러분이 다가가야 할 어떤 사람이 있는지 모르겠습니다. 그런데 리브가처럼 어떻게 그 사람과 나눌지를 생각하기 바랍니다. 그때 우리 삶의 선순환이 시작될 것입니다. 하나님이 누구신지 나의 발자국 속에 경험되는 하나님의 멋진 역사를 체험할 수 있을 것입니다. 하나님은 그분의 멋진 일들을 여러분에게 보여 주기 원하십니다.

[1]아브라함이 나이가 많아 늙었고 여호와께서 그에게 범사에 복을 주셨더라 [2]아브라함이 자기 집 모든 소유를 맡은 늙은 종에게 이르되 청하건대 내 허벅지 밑에 네 손을 넣으라 [3]내가 너에게 하늘의 하나님, 땅의 하나님이신 여호와를 가리켜 맹세하게 하노니 너는 내가 거주하는 이 지방 가나안 족속의 딸 중에서 내 아들을 위하여 아내를 택하지 말고 [4]내 고향 내 족속에게로 가서 내 아들 이삭을 위하여 아내를 택하라 [5]종이 이르되 여자가 나를 따라 이 땅으로 오려고 하지 아니하거든 내가 주인의 아들을 주인이 나오신 땅으로 인도하여 돌아가리이까 [6]아브라함이 그에게 이르되 내 아들을 그리로 데리고 돌아가지 아니하도록 하라 [7]하늘의 하나님 여호와께서 나를 내 아버지의 집과 내 고향 땅에서 떠나게 하시고 내게 말씀하시며 내게 맹세하여 이르시기를 이 땅을 네 씨에게 주리라 하셨으니 그가 그 사자를 너보다 앞서 보내실지라 네가 거기서 내 아들을 위하여 아내를 택할지니라 [8]만일 여자가 너를 따라 오려고 하지 아니하면 나의 이 맹세가 너와 상관이 없나니 오직 내 아들을 데리고 그리로 가지 말지니라 [9]그 종이 이에 그의 주인 아브라함의 허벅지 아래에 손을 넣고 이 일에 대하여 그에게 맹세하였더라 [10]이에 종이 그 주인의 낙타 중 열 필을 끌고 떠났는데 곧 그의 주인의 모든 좋은 것을 가지고 떠나 메소보다미아로 가서 나홀의 성에 이르러 [11]그 낙타를 성 밖 우물 곁에 꿇렸으니 저녁 때라 여인들이 물을 길으러 나올 때였더라 [12]그가 이르되 우리 주인 아브라함의 하나님 여호와여 원하건대 오늘 나에게 순조롭게 만나게 하사 내 주인 아브라함에게 은혜를 베푸시옵소서 [13]성 중 사람의 딸들이 물 길으러 나오겠사오니 내가 우물 곁에 서 있다가 [14]한 소녀에게 이르기를 청하건대 너는 물동이를 기울여 나로 마시게 하라 하리니 그의 대답이 마시라 내가 당신의 낙타에게도 마시게 하리라 하면 그는 주께서 주의 종 이삭을 위하여 정하신 자라 이로 말미암아 주께서 내 주인에게 은혜 베푸심을 내가 알겠나이다 [15]말을 마치기도 전에 리브가가 물동이를 어깨에 메고 나오니 그는 아브라함의 동생 나홀의 아내 밀가의 아들 브두엘의 소생이라 [16]그 소녀는 보기에 심히 아리땁고 지금까지 남자가 가까이 하지 아

니한 처녀더라 그가 우물로 내려가서 물을 그 물동이에 채워가지고 올라오는지라 [17]종이 마주 달려가서 이르되 청하건대 네 물동이의 물을 내게 조금 마시게 하라 [18]그가 이르되 내 주여 마시소서 하며 급히 그 물동이를 손에 내려 마시게 하고 [19]마시게 하기를 다하고 이르되 당신의 낙타를 위하여서도 물을 길어 그것들도 배 불리 마시게 하리이다 하고 [20]급히 물동이의 물을 구유에 붓고 다시 길으려고 우 물로 달려가서 모든 낙타를 위하여 긷는지라 _〈창세기〉 24:1~20

찬양 듣기

Part 3
하나님의 은혜

———

#11

감사주의자

불평주의자들은 천체의 비밀을 발견한 적도 없고, 미지의 땅을 향해 항해한 적도 없으며, 영혼을 위한 새로운 천국을 열어 준 적이 단 한 번도 없습니다.

_ 헬렌 켈러

세상에는 두 종류의 사람이 있습니다. '불평주의자'와 '감사주의자'가 그들입니다. 여러분은 누구 옆에 살고 싶습니까? 사람들은 불평과 원망을 쏟아내는 사람과 가까이하길 싫어합니다. 만약 내 주변 누군가와 멀어졌다고 생각이 되거나, 사람들이 내 곁에서 자꾸 떠난다면 불평하고 원망하는 인생을 살고 있지는 않은가 점검해 볼 필요가 있습니다.

〈출애굽기〉 14장은 이스라엘이 출애굽하고 가나안으로 출발하는 장면입니다. 출애굽하자마자 만난 첫 번째 관문은 홍해였습니다. 바로 뒤에는 애굽 군대가 쫓아옵니다. 이스라엘 백성은 진퇴양난, 사면초가 상황에 처했습니다. 그때 하나님께서 놀라운 기적의 역사를 보여 주셨습니다. 홍해를 갈라지게 하셔서 그 한가운데를 걸어가도록 한 것입니다. 홍해 사건 후에 모세와 백성이 하나님께 감격의 찬양을 드립니다. 그리고 미리암의 찬양이 이어집니다.

> 미리암이 그들에게 화답하여 이르되 너희는 여호와를 찬송하라 그는 높고 영화로우심이요 말과 그 탄 자를 바다에 던지셨음이로다 하였더라 _ 출 15:21

감격의 노래 소리가 하늘을 찌르고 있습니다. 그런데 바로 문제가 생겼습니다.

> 22모세가 홍해에서 이스라엘을 인도하매 그들이 나와서 수르 광야로 들어가서 거기서 사흘길을 걸었으나 물을 얻지 못하고 23마라에 이르렀더니 그 곳 물이 써서 마시지 못하겠으므로 그 이름을 마라라 하였더라 24백성이 모세에게 원망하여 이르되 우리가 무엇을 마실까 하매

감격의 찬양이 끝난 지 얼마 되지 않았습니다. 이스라엘 백성이 수르 광야로 들어가 사흘 길을 걸었는데 물이 없어서 불평하고 있습니다. 지금 상황은 출애굽 직후 홍해를 건너는 기적을 경험하고 며칠 뒤입니다. 하나님은 그들에게 물을 주십니다. 그런데 그 기적을 경험한 뒤에도 나아지지 않았습니다. 이제는 먹을 것이 없어서 원망하고 불평합니다.

이스라엘의 모습을 볼 때 어처구니가 없습니다. 하나님의 놀라운 기적을 경험하고 바로 원망합니다. 그런데 이 황당한 이야기가 이스라엘 백성만의 것이 아니라 바로 저와 우리 모두의 이야기라는 것을 하나님께서 말씀하십니다. 사실 우리는 너무 쉽게 원망하고 불평합니다. 쉽게 짜증내고 투덜거립니다. 그런데 우리 인생을 불행하게 만드는 중요한 요소가 바로 불평과 원망, 짜증과 투덜거림입니다.

사실 이스라엘 백성은 광야와 사막에서 심각한 문제를 만난 것입니다. 기적을 경험했지만 먹을 물이 없고, 먹을 음식이 없었습니다. 이것은 죽느냐 사느냐의 문제였습니다. 그러니 이스라엘 백성이 불평을 일삼는다고 뭐라 할 일이 아닙니다. 죽느냐 사느냐, 절체절명의 상황입니다. 하지만 그런 상황일지라도 주님께서는 우리에게 불평하지 말라는 메시지를 주고 계신 것입니다. 죽느냐 사느냐의 문제와 같이 우리에게 다가오는 심각한 삶의 문제들 가운데서도 불평하지 말라는 것입니다.

🍃 비교하는 마음과 설레는 마음

²이스라엘 자손 온 회중이 그 광야에서 모세와 아론을 원망하여 ³이스라엘 자손
이 그들에게 이르되 우리가 애굽 땅에서 고기 가마 곁에 앉아 있던 때와 떡을 배
불리 먹던 때에 여호와의 손에 죽었더라면 좋았을 것을 너희가 이 광야로 우리를
인도해 내어 이 온 회중이 주려 죽게 하는도다 _ 출 16:2~3

　이스라엘 백성이 불평하는 가장 큰 이유는 비교 의식 때문입니다. 이
스라엘 백성은 많이 먹었을 때와 못 먹을 때를 비교하고 있습니다. 그러
면 당연히 불평이 됩니다. 그런데 우리도 자꾸 비교합니다.
　어느 집사의 간증입니다. 그 집사는 부모님께 효도해야겠다고 마음
을 먹었습니다. 특별히 시부모께 잘해야겠다는 생각으로 최선을 다했
습니다. 자신이 가진 모든 것을 동원해서 열심히 섬겼습니다. 그러다가
가만히 옆을 보니 자신은 그렇게 열심히 하고 있는데, 다른 형제들이나
동서들은 자신이 하는 것에 10분의 1도 하지 않는 것이었습니다. 비교
를 하니 너무 화가 나더랍니다. 그리고 원망과 짜증이 나기 시작했습니
다. 그런데 하나님께서 비교했기 때문에 원망하게 되었다는 것을 깨닫
게 하셨습니다. 그 시간 이후로, 다른 사람과 비교하지 않고 마음을 다
해 효도하리라 결심했다고 합니다. 그때부터 비로소 자신 안에 기쁨과
감사가 생겼으며, 지금은 부모님께 효도할 수 있다는 사실 자체가 행복
하다고 고백하였습니다. 똑같은 것을 해도 비교하면 불행합니다. 비교
하지 않을 때 감사가 되고 행복이 되는 것입니다.

우리의 문제는 자꾸 비교하는 데 있습니다. 남편을 부인을 아이들을 자꾸 다른 사람과 비교합니다. 하지만 그 사람은 그 사람이고 이 사람은 이 사람입니다. 다알리아는 다알리아고 채송화는 채송화입니다. 채송화한테 왜 다알리아가 되지 않느냐고 불평하고 있으면 결국 자기 손해입니다. 다알리아는 다알리아로서 채송화는 채송화로서의 특성이 있는 것입니다. 키도 다르고 냄새도 다르고 색깔과 모양도 다릅니다. 고유한 가치를 가지고 있는 것입니다.

우리 또한 하나님의 걸작품입니다. 걸작품은 비교할 수 없습니다. 그런데 우리는 비교하면서 스스로를 상품으로 만들고 있는 것입니다. 나 자신은 나로서의 가치가 있습니다. 나는 하나님께서 내게 주신 그 일을 함으로써 가치 있는 인생을 사는 것입니다. 자꾸 비교하지 마십시오.

> 발이 네 개인 짐승에게는 날개가 없다. 새는 날개가 달린 대신 발이 두개요, 발가락이 세 개다. 소는 윗니가 없다. 토끼는 앞발이 시원찮다. 발 네 개에 날개까지 달리고 뿔에다가 윗니까지 갖춘 동물은 세상에 없다. _ 정민, 《일침》

토끼는 앞발이 시원찮지만 뒷발이 강해서 살아갈 수 있습니다. 동물들은 각자의 고유한 특성을 장점으로 삼아 살아갑니다. 마찬가지로 우리도 우리만의 고유한 가치가 있는데, 자꾸 비교해서 불평하고 원망합니다.

우리 또한 하나님의 걸작품입니다. 걸작품은 비교할 수 없습니다. 그런데 우리는 비교하면서 스스로를 상품으로 만들고 있는 것입니다. 자꾸 비교하지 마십시오.

²이스라엘 자손 온 회중이 그 광야에서 모세와 아론을 원망하여 ³이스라엘 자손이 그들에게 이르되 우리가 애굽 땅에서 고기 가마 곁에 앉아 있던 때와 떡을 배불리 먹던 때에 여호와의 손에 죽었더라면 좋았을 것을 너희가 이 광야로 우리를 인도해 내어 이 온 회중이 주려 죽게 하는도다 _ 출 6:2~3

우리가 불평하는 두 번째 이유는 과거에 발목 잡혀 있기 때문입니다. 다시 말하면, 미래에 대한 뜨거움을 잃어버린 것입니다. 하나님께서는 이스라엘 백성에게 가나안 땅을 주시기 위해 그들을 출애굽시켜 인도하고 계십니다. 그런데 이스라엘 백성은 이것을 놓치고 과거에 매달려 있습니다.

"내가 늙었구나"를 느끼게 하는 여러 상황이 있습니다. 그중 하나는 노안이 시작되었을 때입니다. 그런데 어떤 분은 노안이라는 의사의 진단을 받을 때 펑펑 운다고 합니다. 자기의 늙음을 받아들이지 못하고 당황하는 것입니다. 그런데 노안은 하나님의 특별한 선물입니다. 나이가 들면 가까운 것이 안 보이게 하셔서 상대방의 주름살을 잘 보지 못하게 만드시는 하나님의 특별한 섭리입니다.

어떤 분은 정말 좋았던 기억력이 흐려져서 어디 가서 물건을 놓고 나옵니다. 단어나 이름이 생각이 나질 않을 때도 있습니다. 사람은 그렇게 늙어갑니다. 그런데 나이드는 것을 받아들이지 못하고 예전과 비교하며 과거에 발목 잡혀 있으면 삶이 고달파집니다.

미래에 대한 설렘이 없으면, 과거에 발목 잡혀서 망설이는 인생을 살게 됩니다. 죽을 때까지, 우리가 하나님 앞에 서는 날까지, 우리의 가슴속에 쿵쾅거려야 하는 마음 하나가 있다면 그것은 미래에 대한 설렘입니다. 마침내 하나님께서 우리를 인도하실 가장 멋진 곳, 바로 천국을 기대하는 것입니다. 우리는 천국을 소유한 자들입니다. 우리는 영광스런 천국을 가졌습니다. 우리는 갈 집이 있는 자들입니다. 이 땅에 살면서 여러 문제와 사건을 만나더라도 오히려 즐길 수 있는 이유는 미래에 대한 설렘 때문입니다. 살아가면서 문제를 만나지만 역전의 드라마를 만드시는 하나님을 믿으면 이 땅에서도 천국을 경험할 수 있습니다.

주님의 부활을 늘 기억해야 하는 이유가 바로 여기에 있습니다. 예수님이 죽으신 순간 모든 것이 끝이라고 생각했습니다. 제자들도 모두 도망갔습니다. 그러나 부활을 통해 그것이 끝이 아님을 주님께서 보여 주셨습니다.

막다른 골목에 계십니까? 그 너머에 주님께서 준비하신 더 멋지고 영광스런 미래가 준비되어 있다는 사실을 보는 것이 믿음입니다. 언제든지 내일에 대한 그리고 미래에 대한 설렘을 가지고 있을 때, 이 땅에서 감사하고 찬양하며 살아갈 수 있습니다.

지금 이스라엘 백성은 과거에 발목 잡혀 있습니다. 지금 하나님의 가슴은 뜨겁습니다. 이스라엘 백성을 가나안으로 인도하여 그들을 통해 구속의 역사를 쓰겠다는 설레는 마음이신데, 이스라엘 백성은 그 길에서 막다른 골목에 이르렀다고, 물이 없고 먹을 것이 없다고 불평하고 원망합니다. 애초 하나님의 계획은 이스라엘 백성을 광야와 사막을 통해 멋진 곳으로 인도하는 것이었음을 기억해야 합니다.

하나님께서 우리를 더 멋지고 아름다운 곳으로 인도하고 계십니다. 그 과정에서 만나는 문제들로 불평하고 원망하는 것이 아니라 그 너머에 있는 우리의 내일과 하나님께서 인도하시는 우리 인생 전체의 그림을 볼 수 있는 믿음이 있다면, 언제나 감사할 수 있습니다.

우리는 광야와 사막을 걷는 것처럼 매 순간 절체절명의 어려움과 문제들을 만납니다. 그러나 주님은 그 속에서도 "절대 원망과 불평하지 마라! 인생 전체를 볼 줄 아는 사람이 되어야 한다. 내일을 향한 꿈을 가지라"고 우리에게 말씀하고 있습니다.

🍃 감사하는 이유

하나님께서는 '불평주의자' 이스라엘 백성을 보여 주시면서 우리에게 비교 의식을 제거하고, 미래에 대한 설렘을 가지라고 말씀하십니다. 항상 꿈을 가지고, 담 너머의 상황을 볼 수 있는 '감사주의자'가 되라고 말씀하십니다. 비교 의식을 버리고, 미래에 대한 설렘이 늘 있을 때, 우리는 언제나 감사 속에서 노래하고 찬양하면서 갈 수 있습니다. 행복한 감사주의자가 될 수 있는 것입니다.

그렇다면 저는 감사만 하면서 인생을 살아갈까요? 저 역시 순간순간 불평 어린 생각들을 합니다. 인간이 가진 죄성은 불평하게 합니다. 불평하다 보면 감정이 상하게 되어 불행한 마음이 듭니다. 그리고 인생 또한 그렇게 만들어지게 됩니다.

하나님께서 저의 인생에 한 사건을 만들어 주셨습니다. 대학을 졸업하고 미국 유학을 목표로 공부하고 있었던 때입니다. 모든 것을 뒤로 하고 준비에 매진했습니다. 하나님께 응답도 받았습니다. "하나님 안에서 이렇게 하리라"는 인생 설계도도 있었습니다. 마침내 1983년, 미국 학교에서 입학 허가를 받고 미국 대사관에 비자를 받으러 갔습니다. 그런데 보기 좋게 떨어졌습니다.

"하나님 이게 뭡니까? 하나님의 일을 하려고 여기까지 열심히 오지 않았습니까?"

마음이 참담했고, 불평으로 가득 찼습니다.

그때 하나님께서 제 안에 세미한 음성을 주셨습니다.

"이때가 바로 감사해야 할 때다."

그날 금요 철야 예배를 드리면서 하나님 앞에 결단했습니다.

"하나님, 내 마음은 그렇지 않지만 무조건 감사하겠습니다."

그날 기도하면서, 제가 할 수 있는 모든 것을 동원하여 감사 예물을 드렸습니다.

"하나님 받아주십시오. 주님이 주신 세미한 음성대로 내가 무조건 감사하겠습니다."

신기한 것은 감정도 안 좋고 마음도 상했지만 감사의 기도를 드리기 시작할 때 하나님이 주시는 평안이 자리잡기 시작했습니다. 그것이 기도의 응답입니다. 마음이 평안했습니다. 약 2주 후에 다시 인터뷰 날짜를 잡았습니다. 그런데 또다시 안 된다면서 이번엔 모든 서류에 X자를 크게 표시해 버렸습니다. 눈앞이 캄캄했습니다. 하나님께서 주신 음성대로 감사했는데 말입니다.

순간 당황했지만 하나님 앞에 다시 기도했습니다. 하나님의 역사를 보여 주십시오. 그러면서 서류를 다시 집어 넣었습니다. 그리고 영사에게 다시 한 번만 서류를 검토해 달라고 했습니다. 내가 왜 이 학교에 가려고 하는지, 왜 이 학교에서 공부하려는지, 나의 꿈이 무엇인지에 대해서 이야기했습니다. 그 이야기를 들으면서 영사가 한참 고개를 갸우뚱거리다가, 문서 하나를 다시 주었습니다. 옆에 가서 다시 써 오라는 것입니다.

그때 감사가 능력이고 기적인 것을 경험했습니다. 불평해도 되는 그 순간에 감사할 때 하나님께서 어떻게 역사하시는지를 경험했습니다. 하나님께서는 문제 앞에 감사하는 것이 믿음이라고 하십니다.

다시 작성하여 제출했더니 영사는 비자를 내주면서 "Are you Happy?" 하며 웃었습니다. 저는 행복할 뿐만 아니라 당신 얼굴과 이 상황들이 절대 잊혀지지 않을 것 같다고 대답했습니다. 그리고 실제로 그렇습니다.

그때 감사가 능력이고 기적인 것을 경험했습니다. 불평해도 되는 그 순간에 감사할 때 하나님께서 어떻게 역사하시는지를 경험했습니다. 우리는 잘됐을 때 감사합니다. 그러나 하나님께서는 문제 앞에 감사하는 것이 믿음이라고 하십니다.

우리는 살면서 절체절명의 순간을 만납니다. 그런데 하나님이 우리에게 강력하게 주시는 메시지는 "범사에 감사하라"입니다. 그 절체절명의 순간에도 감사하라는 것입니다. 거기에서 하나님의 기적을 우리가 경험할 수 있고 하나님의 능력을 경험할 수 있는 것입니다.

만일 우리의 감정을 따라간다면, 잘못된 불평의 감정을 따라가게 된다면 불행한 인생이 됩니다. 그러나 감사를 따라가게 될 때 행복한 감정이 올 뿐만 아니라 평안을 주십니다. 하나님의 기적을, 하나님이 어떤 분인지를 우리의 삶 가운데 보여 주십니다.

> 그리스도의 평강이 너희 마음을 주장하게 하라 너희는 평강을 위하여 한 몸으로 부르심을 받았나니 너희는 또한 감사하는 자가 되라 _ 골 3:15

'감사주의자'가 되라는 것입니다. "어떤 상황 가운데서도 감사를 잃어버리지 마라. 감사로 도전해라. 감사로 일어서라. 우리가 만나는 어떤 염려와 걱정, 불평과 원망, 짜증내고, 투덜거릴 수밖에 없는 그 상황 속에서도 감사를 포기하지 마라"는 것입니다.

"감사합니다"를 하루에 몇 번이라도 외쳐 봅시다. 사람들을 볼 때도 그 사람에게 불평 거리를 찾는 것이 아니라 감사 거리를 찾아 봅시다. 도저히 이해되지 않고 마음이 허락하지 않더라고 하나님 앞에 먼저 감사해 봅시다. 거기서 하나님의 평강을 경험하고 하나님의 기적을 경험할 것입니다. 이제 예수 그리스도의 이름으로 비교 의식을 제거하고 미래에 대한 설렘을 회복하여 우리 안에 가득 차 있는 불평을 제거해 버리기 바랍니다. 감사로 다시 일어서고, 감사로 새로운 인생의 문을 여는 우리가 됩시다.

✦ 우리들의 나침반

²²모세가 홍해에서 이스라엘을 인도하매 그들이 나와서 수르 광야로 들어가서 거기서 사흘길을 걸었으나 물을 얻지 못하고 ²³마라에 이르렀더니 그 곳 물이 써서 마시지 못하겠으므로 그 이름을 마라라 하였더라 ²⁴백성이 모세에게 원망하여 이르되 우리가 무엇을 마실까 하매 ²⁵모세가 여호와께 부르짖었더니 여호와께서 그에게 한 나무를 가리키시니 그가 물에 던지니 물이 달게 되었더라 거기서 여호와께서 그들을 위하여 법도와 율례를 정하시고 그들을 시험하실새 ²⁶이르시되 너희가 너희 하나님 나 여호와의 말을 들어 순종하고 내가 보기에 의를 행하며 내 계명에 귀를 기울이며 내 모든 규례를 지키면 내가 애굽 사람에게 내린 모든 질병 중 하나도 너희에게 내리지 아니하리니 나는 너희를 치료하는 여호와임이라 ²⁷그들이 엘림에 이르니 거기에 물 샘 열둘과 종려나무 일흔 그루가 있는지라 거기서 그들이 그 물 곁에 장막을 치니라 ¹⁶ ¹이스라엘 자손의 온 회중이 엘림에서 떠나 엘림과 시내 산 사이에 있는 신 광야에 이르니 애굽에서 나온 후 둘째 달 십오일이라 ²이스라엘 자손 온 회중이 그 광야에서 모세와 아론을 원망하여 ³이스라엘 자손이 그들에게 이르되 우리가 애굽 땅에서 고기 가마 곁에 앉아 있던 때와 떡을 배불리 먹던 때에 여호와의 손에 죽었더라면 좋았을 것을 너희가 이 광야로 우리를 인도해 내어 이 온 회중이 주려 죽게 하는도다 _〈출애굽기〉 15:22~16:3

찬양 듣기

#12

빨리 가려면 혼자,
멀리 가려면 함께

고등학교 서클 활동을 하면서 야영 갈 기회가 많았습니다. 한 번은 아침에 일어났는데 아무도 없었습니다. 15개 텐트를 치고 함께 잤는데 말입니다. 그 날 밤 비가 많이 내렸습니다. 저희 텐트는 A텐트라는 좋은 군용 텐트였고, 군용 침낭도 있어서 편안히 잘 수 있었습니다. 그런데 다른 텐트는 비가 새서 새벽 2시쯤에 일어나서 멀리 떨어진 학교 교실로 피난간 것이었습니다. 얼마나 깜짝 놀랐는지 모릅니다.

　또 한 번은 저녁에 캠프장에 도착했습니다. 매우 바쁘게 움직이며 텐트를 치고 밥도 했습니다. 그런데 빠뜨리고 안 가져온 게 있었습니다. 다른 이들은 다른 일로 바빴기 때문에 혼자 급하게 야산을 넘어 구멍가게에서 사와야 했습니다. 혼자 산길을 그것도 무덤이 가끔 있는 컴컴한 길을 가야 했습니다. 그 밤에 숨도 안 쉬고 뛰어갔다 온 것 같습니다. 그런데 그 다음날 밤에 또 필요한 것이 있어서 다시 다녀와야 했습니다. 그때는 친구랑 함께했습니다. 친구와 가니 노래도 부르면서 그 길을 재미있게 즐겼습니다. 혼자 갈 때는 힘들었지만 같이 가니 즐거웠습니다. 함께라면 똑같은 길을 가더라도 그렇게 달랐습니다.

호나우드, 메시 같은 스타 플레이어가 사인한 질 좋은 축구공이 있습니다. 그런데 혼자 논다면 그건 따분하고 재미없는 것입니다. 하지만 돼지 오줌보에 바람을 넣어 만든 공이라도 10~20명이 같이 차고 놀면 정말 재밌고 신이 납니다. 해지는 것도 모르고 뛰어 놉니다.

🍃 세코야 나무의 '함께' 살기

우리가 사용하는 단어들 중 정말 좋은 단어가 '함께'라고 생각합니다. 세코야 (Red Wood)라는 나무가 있습니다. 미국 여러 지역에 군락지가 있는데, 세코야 파크 같은 국립 공원에는 이 나무가 100m까지 뻗어 있습니다. 수명 또한 2,000년이 넘습니다. 그런 나무들이 한두 그루가 아니고 수백, 수천, 수십만 그루가 함께 있는데 정말 멋진 광경입니다.

이 나무는 높게 자라는데도 비바람에 쉽게 무너지지 않고 2,000년을 삽니다. 이 나무는 뿌리를 길게 내리는데, 자기 뿌리만 있는 것이 아니라 옆에 나무들의 뿌리와 함께 얽혀 있습니다. 함께 있는 것입니다. 혼자 서 있는 나무는 한 그루도 없이 언제나 같이 있습니다. 서로 버팀목

이 돼 주는 것입니다.

"빨리 가려면 혼자 가고, 멀리 가려면 함께 가라." 사막 사람들의 격언입니다. 그런데 빨리 가는 것보다 중요한 것은 멀리 가는 것입니다. 그래서 혼자 가는 것이 아니라 함께 가는 것입니다. 사막을 누가 혼자 가려고 하겠습니까? 사막은 외롭고 힘들고 쉽게 지치는 곳입니다. 누군가와 함께 있으면 서로 위로하고 격려하고, 끌어 주고, 밀어 주면서 힘이 됩니다. 함께하는 것이 큰 힘이 됩니다.

그래서 주님은 성경을 통해 "내가 너와 함께하겠다"라고 계속 약속하십니다. 세상 어떤 종교의 절대자가 내가 너와 함께하겠다는 말을 합니까? 오직 하나님만이 수많은 하나님의 사람들을 통해, 수많은 언약을 통해 "내가 너와 함께한다"라고 말씀하십니다. 광야와 사막 같은 인생을 걸어가고 있지만 나 혼자만이 아니라는 것을 기억하기 바랍니다. 하나님께서 우리와 함께하십니다. 나와 함께하십니다.

> [2]여호와께서 이삭에게 나타나 이르시되 애굽으로 내려가지 말고 내가 네게 지시하는 땅에 거주하라 [3]이 땅에 거류하면 내가 너와 함께 있어 네게 복을 주고 내가 이 모든 땅을 너와 네 자손에게 주리라 내가 네 아버지 아브라함에게 맹세한 것을 이루어 [4]네 자손을 하늘의 별과 같이 번성하게 하며 이 모든 땅을 네 자손에게 주리니 네 자손으로 말미암아 천하 만민이 복을 받으리라 _ 창 26:2~4

하나님께서는 이삭에게 애굽 즉 이집트로 가지 말라고 하십니다. 어찌 보면 그곳은 편한 곳입니다. 문명이 발전한 곳이기 때문입니다. 그런데 거기 가지 말고 이 땅에 있으면 내가 너에게 복이 무엇인지 보여 줄 것이라고, 내가 너와 함께할 것이라고 말씀하는 것입니다. 애굽에 가면 더 잘살 수 있을 텐데 하는 마음이 이삭에게 있었을지도 모르겠습니다. 이삭이 있는 땅은 척박했기 때문입니다. 그런데 하나님의 말씀에 순종해 이삭은 그 땅에 머물게 됩니다.

그런데 그 후 이삭에게 일어나는 일은 고개를 갸우뚱하게 만듭니다. 잘살고 있던 이삭에게 아비멜렉이 와서 우물을 메워 버립니다. 공격당한 것입니다. 광야와 사막에서 우물이 없다는 것은 모든 것이 끝임을 의미합니다. 우물이 없으면 식물이 자라지 못하고 가축도 키울 수 없습니다. 배고프고 목말라 죽습니다.

그런데 그토록 중요한 우물을 아비멜렉이 메워 버렸습니다. 지금으로 이야기한다면 부도를 맞은 것입니다. 조금 손해 본 것이 아니라 쫄딱 망하고 빈털털이가 되었다는 것입니다. 그런데 그때 하나님의 기적을 경험했습니다. 다른 곳에 가서 땅을 파니 물이 나온 것입니다. 아비멜렉이 또 쫓아와서 그 우물도 메워 버립니다. 〈창세기〉 26장을 보면 이 사건이 세 번이나 반복됩니다. 쫄딱 망한 상황이 한두 번이 아니라 세 번입니다. 그런데 거기서 하나님은 역사하셨습니다. 네 번째 우물을 판 것입니다.

> ²⁶아비멜렉이 그 친구 아훗삿과 군대 장관 비골과 더불어 그랄에서부터 이삭에게로 온지라 ²⁷이삭이 그들에게 이르되 너희가 나를 미워하여 나에게 너희를 떠나게 하였거늘 어찌하여 내게 왔느냐 ²⁸그들이 이르되 여호와께서 너와 함께 계심을 우리가 분명히 보았으므로 우리의 사이 곧 우리와 너 사이에 맹세하여 너와 계약을 맺으리라 말하였노라 _ 창 26:26~28

아비멜렉이 이삭을 찾아와 "하나님이 너와 함께하시는 것을 내가 봤다"고 이야기합니다. 이삭을 망하게 한 그 원수가 와서 무릎을 꿇고 있는 것입니다. 이야기 전체를 다시 한 번 그려 보십시오. 척박한 땅이었지만 하나님께서는 애굽에 가지 말고 여기 있으라고 말씀하십니다. 내가 너와 함께할 것이라고 약속하시면서 말입니다. 하나님이 함께하신다고 했지만 잘되지 않았습니다. 그렇게 인생이 완전히 망한 것 같은 상황이 지속됐지만 하나님께서는 그 길목에서 함께해 주셨습니다. 이삭은 하나님께서 함께하시는 삶을 경험했을 뿐만 아니라 그의 주변 사람들도 같은 것을 보고 고백하는 멋진 인생을 살았던 사람이었습니다.

> 이삭은 하나님께서 함께하시는 삶을 경험했을 뿐만 아니라 그의 주변 사람들도 같은 것을 보고 고백하는 멋진 인생을 살았던 사람이었습니다.

> 내가 사망의 음침한 골짜기로 다닐지라도 해를 두려워하지 않을 것은 주께서 나와 함께하심이라 주의 지팡이와 막대기가 나를 안위하시나이다_ 시 23:4

다윗도 같은 고백을 합니다. 그는 수없이 많은 실패를 경험했습니다. '이제 죽었구나! 끝이구나! 마지막이구나!' 호흡조차 할 수 없는 상황들을 많이 만났습니다. 도망가다가 죽을 고비를 넘기고 자신의 안전을 보장할 수 없어서 침을 흘리며 미친 척까지 했습니다. 그 가운데서 함께하시는 하나님을 다윗은 경험합니다. 그리고 고백합니다. "내가 음침한 사망의 골짜기, 아무도 이해할 수 없는 골짜기, 더 이상 가능성이 없다고 생각했던 골짜기, 모든 것이 다 끝난 상황에서 하나님이 나와 함께하셨습니다"라고 말입니다.

🍃 나의 사랑, 일어나 함께 가자

> 나의 사랑하는 자가 내게 말하여 이르기를 나의 사랑, 내 어여쁜 자야 일어나서 함께 가자 _ 아 2:10

"너는 내 사랑이다! 나는 너를 기대하고 있다. 내가 너를 얼마나 사랑하는지, 목숨 걸고 사랑한다. 일어나라, 내 손을 잡고 나와 함께 가자!"고 주님이 말씀하십니다. 사실 이렇게 과분한 대접을 받을 수 없는 게 우리의 모습입니다. 우리는 주님의 마음을 얼마나 아프게 했습니까? 내 고집과 방법대로 살았습니다. 주님을 향해 등을 돌렸음에도, 주님은 나를 향해 계속 손을 내미시고 "너는 내가 사랑하는 자! 나와 함께 가자!"라고 말씀하십니다.

우리가 끝까지 포기하지 않고, 절망적인 상황 속에서도 새로운 희망을 갖는 것은 하나님이 나와 함께하시기 때문입니다. 그와 같은 대접을 받을 자격이 없음에도 주님은 우리에게 말씀하십니다. 내가 너와 함께한다.

즐거워하는 자들과 함께 즐거워하고 우는 자들과 함께 울라 _ 롬 12:15

⁹두 사람이 한 사람보다 나음은 그들이 수고함으로 좋은 상을 얻을 것임이라 ¹⁰혹시 그들이 넘어지면 하나가 그 동무를 붙들어 일으키려니와 홀로 있어 넘어지고 붙들어 일으킬 자가 없는 자에게는 화가 있으리라 ¹¹또 두 사람이 함께 누우면 따뜻하거니와 한 사람이면 어찌 따뜻하랴 ¹²한 사람이면 패하겠거니와 두 사람이면 맞설 수 있나니 세 겹 줄은 쉽게 끊어지지 아니하느니라 _ 전 4:9~12

"내가 너의 삶의 현장에서 함께하는 것처럼 너도 다른 사람과 함께하는 인생을 살라"고 말씀하십니다. '함께'가 행복을 만듭니다. 소프라노 알토 테너 베이스의 서로 다른 소리가 함께 어울려 감동적인 찬양을 드리게 됩니다. 똑같은 소리만 있으면 재미없는 것입니다. 우리의 얼굴도 다 다릅니다. 다르기 때문에 감동과 감격이 있는 것입니다. 그러므로 내 외모를 다른 사람과 비교할 필요가 없습니다. 그렇게 생겼기 때문에 다른 사람에게 기쁨을 줄 수 있는 것입니다. 다르기 때문에 서로 행복을 주는 존재입니다. 내향적인 사람이 있고 외향적인 사람이 있습니다. 결혼하기 전 연애할 때는 자기에게 없는 다른 것이 상대에게 있기 때문에 끌립니다. 그런데 결혼해서 함께 살면 다른 것 때문에 힘이 들기 시작합니다. 하지만 그것을 즐길 줄 알아야 행복합니다.

기질도 다릅니다. 체계적인 사람과 비체계적인 사람이 있습니다. 어느 기질이 더 좋다고 말할 수 없습니다. 고유한 가치를 가지고 있기 때문입니다. 체계적인 사람의 시선은 한 곳에만 머물러 있고 좁습니다. 반면에 비체계적인 사람의 장점은 크게 보고, 멀리 봅니다. 서로 보완이 되는 것입니다.

상대의 다른 소리, 다른 모습을 우리가 인정할 수 있다면 인생이 행복합니다. 하지만 많은 사람이 나와 똑같지 않다고 화를 냅니다. 나는 이렇게 하는데 당신은 왜 그렇게 하느냐는 것입니다. 그런데 인생은 서로 다른 것을 이해하고 용납할 때 아름다운 하모니를 만들어 냅니다. 주님께서는 우리에게 함께하라고 말씀하십니다. 주님께서 우리에게 하신 것처럼, 함께 손잡아 주라고 말씀하십니다.

🍃 담 밖으로 내미는 손

베드로를 통해 우리에게 주신 정말 귀한 말씀이 있습니다. 새번역 성경은 〈사도행전〉 11장 5~15절을 이렇게 말씀합니다.

> ⁵내가 욥바 성에서 기도를 하고 있었습니다. 그때에 나는 황홀경 가운데서 환상을 보았는데, 큰 보자기와 같은 그릇이, 네 귀퉁이가 끈에 매달려서 하늘에서 드리워져 내려서 내 앞에까지 왔습니다. ⁶그 안을 자세히 들여다보니, 땅 위의 네 발 짐승들과 들짐승들과 기어다니는 것들과 공중의 새들이 있었습니다. ⁷그리고 "베드로야, 일어나서 잡아먹어라" 하는 음성이 내게 들려왔습니다. ⁸그래서 나는 "주님, 절대로 그럴 수 없습니다. 나는 속된 것이나, 정결하지 않은 것을 먹은 일이 없습니다" 하고 말하였습니다. ⁹그랬더니 "하나님께서 깨끗하게 하신 것을 속되다고 하지 말아라" 하는 음성이 두 번째로 하늘에서 들려왔습니다. ¹⁰이런 일이 세 번 일어났습니다. 그리고서 모든 것은 다시 하늘로 들

려 올라갔습니다. ¹¹바로 그때에 사람들 셋이 우리가 묵고 있는 집에 도착하였는데, 그들은 가이사랴에서 내게 보낸 사람들이었습니다. ¹²성령이 내게, 의심하지 말고 그들과 함께 가라고 하셨습니다. 그래서 이 여섯 형제도 나와 함께 가서, 우리는 그 사람의 집으로 들어갔습니다. ¹³그 사람은, 자기가 천사를 본 이야기를 우리에게 해주었습니다. 곧 천사가 그의 집에 와서 서더니, 그에게 말하기를 '욥바로 사람을 보내어, 베드로라고도 하는 시몬을 불러오너라. ¹⁴그가 네게 너와 네 온 집안이 구원을 받을 말씀을 일러줄 것이다' 하더라는 것입니다. ¹⁵내가 말을 하기 시작하니, 성령이 처음에 우리에게 내리시던 것과 같이, 그들에게도 내리셨습니다.

베드로와 당시 그리스도인들은 복음 안에서 자기들끼리만 행복했습니다. 그런데 주님께서 유대인 입장에서는 불결한 것들을 환상으로 보여 주셨습니다. 그리고 내가 깨끗하다는데 왜 네가 더럽다고 하느냐면서 먹으라고 말씀하십니다. 이 말씀은 왜 너희끼리 놀고 있느냐고 질책하시며 담 밖에 있는 사람들을 찾아가라는 것입니다. 너희와 다른 그 사람들, 아직 주님을 모르는 사람들을 찾아가야 한다는 것입니다. 그들을 찾아갔을 때 그들도 예수님을 믿고 인생이 변화되었습니다. 여기에서 우리에게 보여 주시는 하나님의 특별한 말씀이 있습니다. '함께'라는 단어입니다.

하나님은 "내가 너와 함께하겠다"라고 계속 말씀하십니다. 이 약속으로 우리가 살아갈 희망을 얻습니다. 더 나아가 "너희도 그와 같이 다른 이들과 함께하라"고 말씀하십니다. 〈사도행전〉 11장의 이야기를 통해 너희들이 불결하다고 생각하는, 담 밖에 있는 그 사람들의 손을 잡아주고 함께하라고 말씀하십니다. 담 밖에 있는 사람들을 생각해야 한다는 것입니다. '너희는 세상의 소금과 빛'이라는 것입니다.

> 오직 성령이 너희에게 임하시면 너희가 권능을 받고 예루살렘과 온 유대와 사마리아와 땅 끝까지 이르러 내 증인이 되리라 하시니라 _ 행 1:8

이 말씀은 왜 너희끼리 놀고 있느냐고 질책하시며 너희 담 밖에 있는 사람들을 찾아가라는 것입니다. 아직 주님을 모르는 사람들을 찾아가야 한다는 것입니다. 그들을 찾아갔을 때 그들도 예수님을 믿고 인생이 변화되었습니다.

예루살렘뿐만 아니라 원수 같은 사마리아, 그리고 알지도 못하는 땅끝까지 가라고 하십니다. 아직도 주님을 모르는 사람들을 위해 땅끝까지 가야 합니다. 그런데 땅끝으로 가기 전에, 사마리아로 가라고 하십니다. 원수 같은 그 사람들에게도 가야 하는 것입니다. 제 경우를 돌아보면 저에게 정말 원수 같았던 사람이 가장 먼저 예수님을 믿었습니다.

저는 서른 살에 사병으로 군대를 갔습니다. 힘든 시절이었습니다. 군대라는 곳 자체가 개인을 존중하는 곳이 아닙니다. 10살 아래 되는 사람들이 윽박지르고 따귀를 때렸습니다. 아주 원수 같았습니다. 그런데 아무도 예수님 믿지 않던 그 내무반 60명이 나중에 모두 예수님 믿었습니다. 그런데 가장 먼저 믿은 사람이 저에게 가장 원수 같았던 사람이었습니다. 그 사람이 저에게 무릎을 꿇고 잘못했다고 하니 주변이 다 변했습니다.

주님께서 우리에게 이 사람은 아니야 하지 말고, 담 너머에 있는 그 사람을 위해서 기도하고 그 사람을 찾아가라고 말씀하십니다. 함께하라고 말씀하십니다. 거기에서 우리는 하나님의 기적을 경험할 수 있습니다.

담 너머 수많은 사람이 마음속으로 외치고 있습니다. 고독하고 힘들다고, 의지가 필요하다고, 희망이 없어졌다고 말입니다. 주님께서 그 사람들을 보면서 얼마나 가슴이 아프시겠습니까? 예수님은 그 사람들을 구원하기 위해 십자가에 달리셨습니다.

제가 섬기는 교회에 안티 크리스천이었던 성도들이 있습니다. 그들이 안티 크리스천이 된 이유가 있는데, 첫째는 예수 믿는 사람들이 살아가는 모습이 꼴 보기 싫었답니다. 예수 믿는다면서 이기적인 사람들을 많이 만났던 것입니다. 그리스도인들이 섬기지 못한 것입니다. 사랑하지 못한 것입니다. 사실은 예수님이 싫은 것이 아닙니다. 예수님을 먼저 믿고 있는 나 그리고 우리 때문에 예수님을 보지 못한 것입니다. 우리가 빛과 소금이 돼야 하는데 예수님을 막아 버린 것입니다. 두 번째 이유는 진지하게 예수님을 소개해 준 사람이 없었답니다. 아무도 말입니다.

주변에 예수 안 믿는 이들에게 나는 누구인가요? 나는 어떻게 살고 있나요? 지금 주님께서 우리에게 묻고 계십니다.

✴ 우리들의 나침반

⁹두 사람이 한 사람보다 나음은 그들이 수고함으로 좋은 상을 얻을 것임이라 ¹⁰혹시 그들이 넘어지면 하나가 그 동무를 붙들어 일으키려니와 홀로 있어 넘어지고 붙들어 일으킬 자가 없는 자에게는 화가 있으리라 ¹¹또 두 사람이 함께 누우면 따뜻하거니와 한 사람이면 어찌 따뜻하랴 ¹²한 사람이면 패하겠거니와 두 사람이면 맞설 수 있나니 세 겹 줄은 쉽게 끊어지지 아니하느니라 _〈전도서〉 4:9~12

찬양 듣기

#13
광야의 예수님

유대인들에게 광야는 '하나님을 만나는 장소'로 각인되어 있습니다. 랍비들은 "광야는 하나님과 이스라엘이 신혼여행하던 장소"라고 표현했습니다. 유대 역사에서 하나님의 보호하심과 인도하심을 경험한 광야 40년의 기간을 떠올리는 것입니다. 이스라엘은 애굽에서 출발해 가나안에 들어갈 때까지 40년을 광야에서 지냅니다. 광야는 먹을 것과 마실 것이 없는 황량한 곳이었습니다. 하지만 거기서 하나님이 누구신지를 경험했습니다.

정착민으로 농사 지을 때는 느끼지 못했던 하나님을, 아무것도 가진 것 없이 갈 바를 알지 못하는 그곳에서 경험했습니다. 먹을 것과 마실 것은 물론이고, 너무 춥고 너무 더운, 햇빛조차 가릴 것이 없는 광야를 지나며 하나님이 누구신지를 경험한 것입니다. 낮에는 구름 기둥으로 밤에는 불기둥으로 인도하시는 하나님, 만나와 메추라기로 먹이시는 하나님, 반석에서 샘물 나게 하시는 하나님을 경험한 것입니다. 그들에게 광야와 사막을 건넜던 40년은 소중한 기억입니다. 그것을 〈신명기〉 32장 10절은 이렇게 표현합니다.

> 여호와께서 그를 황무지에서, 짐승이 부르짖는 광야에서 만나시고 호위하시며 보호하시며 자기의 눈동자 같이 지키셨도다

🍃 광야에서 시험받으신 이유

〈마태복음〉 4장 1~11절 말씀은 예수님이 광야에서 시험받는 장면입니다. 예수님께서 공생애를 왜 하필이면 광야와 사막에서 시작하셨을까요? 우리가 인생을 살면서 광야와 사막을 지나며 받는 시험이 있기 때문입니다. 너희가 그 시험을 만날 때마다 예수님의 삶을 보며, 예수님이 이기신 것처럼 그렇게 이겨야 한다는 것을 보여 주시는 것입니다. 예수님은 먼저 40일을 금식하셨습니다.

> [1]그때에 예수께서 성령에게 이끌리어 마귀에게 시험을 받으러 광야로 가사 [2]사십 일을 밤낮으로 금식하신 후에 주리신지라

그런데 40일 금식을 생각하면, 시내산에 올라 40일 동안 금식하면서 십계명을 받았던 모세가 생각납니다. 이스라엘이 광야 생활을 시작할 때 이 사건이 있었고, 예수님도 공생애 첫 사건으로 40일 금식을 하신 것입니다.

> 시험하는 자가 예수께 나아와서 이르되 네가 만일 하나님의 아들이어든 명하여 이 돌들로 떡덩이가 되게 하라 _ 마 4:3

사탄은 "네가 하나님의 아들이라고? 그러면 돌들로 떡 덩이가 되게 해봐! 그럼 사람들이 하나님의 아들인줄 알지 않겠느냐?" 하고 충동합니다. 물론 예수님은 만드실 수 있습니다. 그러나 안 만드셨습니다. 예수님께서 이 땅에 오실 때 그분의 마음속에는 오직 십자가만 있었습니다. 고통의 십자가, 죽음의 십자가를 지기 위해 이 땅에 오셨습니다. 그런 예수님에게 사탄은 유혹합니다. "굳이 그 고난의 십자가를 져야 할 필요가 없어! 돌을 떡덩이가 되게 하면 사람들이 네가 하나님의 아들인줄 금방 알 수 있는 거야."

《습관의 힘》이라는 책에 나오는 이야기입니다. 바그다드에서 폭동이 일어났습니다. 도저히 진압할 방법이 없는 것 같았습니다. 그런데 소요가 일어날 때 광장에 케밥 같은 음식 장사를 못 들어오게 했습니다. 사람들이 처음 하나로 모이다가 배가 고프니까 힘이 빠져서 그대로 해산하고 말았습니다. 정의를 위해 분연히 일어났어도 먹을 것이 떨어지면 그렇게 되는 것입니다.

우리나라 옛말에도 "금강산도 식후경"이라는 말이 있습니다. 10년 동안 열심히 돈을 모아 세계 일주를 한다고 생각해 보십시오. 가는 곳마다 음식이 맞지 않아서 제대로 못 먹으면 아무리 좋은 경치와 광경도 눈에 들어오지 않습니다. 마음에 화만 납니다. 그렇게 좋은 곳에 가도 누리지 못하고 감동하지 못하고 화만 내게 되는 것입니다.

인간의 욕구 중에 가장 큰 식욕을 해결하면 사람들이 "하나님의 아들이구나!" 하고 쫓아

인간의 욕구 중에 가장 큰 식욕을 해결하면 "하나님의 아들이구나!" 하고 사람들이 쫓아올 것이라고 사탄은 유혹합니다. 사탄의 첫 번째 유혹은 바로 편리성, 효율성에 대한 것이었습니다. 그러나 우리 주님은 십자가를 택하셨습니다.

올 것이라고 사탄은 유혹합니다. 십자가는 고통이고, 사람들도 원하지 않는데 그런 십자가를 왜 지느냐는 것입니다. 사탄의 첫 번째 유혹은 바로 편리성, 효율성에 대한 것이었습니다. 그러나 우리 주님은 십자가를 택하셨습니다.

사람들은 따지고 계산한 뒤 계산이 안 나오면 옳지 않다고 이야기합니다. 편리성과 실용성을 따르는 것입니다. 그러나 인생에서 중요한 것들을 보면 편리성과 효율성으로 계산할 수 없는 것들이 많습니다. 사랑 같은 것 말입니다. 사랑은 계산을 넘어서는 것입니다. 사랑 때문에 목숨을 바치기도 하지 않습니까? 정말 중요한 것들은 효율성과 편리성으로 계산할 수 없는 것들입니다.

🪨 능동적으로 감수하는 불편

가족 관계도 그렇습니다. 〈2012년도 전국 결혼 및 출산 동향 조사〉를 보면 대학 졸업하는 기준 만 22세까지 자녀 양육비가 약 3억 1,400만 원입니다. 이보다 더 많은 아이들도 있을 것입니다.

"아이가 하나 생기면 내 돈이 이만큼 나가고 내 시간이 이만큼 뺏기고 내 에너지가 소진되니, 내 꿈을 이루는데 지장이 있다. 그러니 하나만 낳자."

이렇게 판단하고 하나만 낳습니다. 그것이 효율적이고 편리하기 때문입니다. 그런데 형제가 없기 때문에 대인 관계를 못하는 아이들이 많아졌습니다. 겉으로는 착하고 괜찮은 것 같은데, 막상 사회로 나오면 관계 형성을 어려워 합니다. 사람들과 갈등하고 쉽게 포기합니다.

리모컨은 참 대단합니다. 옛날에는 한 번 채널을 돌릴 때마다 앞으로 가서 돌려야 했습니다. 그런데 지금은 침대에 누워서 누르기만 하면 됩니다. 스위치만 누르면 켜지고 꺼집니다. 내가 원하는 방송으로 돌아갑니다. 너무나 편리합니다. 결혼을 합니다. TV는 자기 마음대로 끄고 켜지만 부인의 잔소리는 아무리 끄려고 해도 꺼지지 않습니다. 견디지 못합니다. 결국 이혼하는 것입니다. 오늘날 사람들은 불편하면 견디지 못합니다.

하나님을 만나기 위해서는 실용성과 편리성을 포기해야 합니다. 옛날에 신앙생활할 때는 한여름에 예배드릴 때, 열정적으로 박수치고 찬양하며 기도하면 땀으로 범벅이 됐습니다. 그래도 열심히 했습니다. 그런데 지금 보십시오. 만약 에어컨이 꺼져서 예배드리다가 조금만 땀이 나면 "교회가 뭐 이래! 에어컨 수리도 안 하고" 합니다. 예배드리러 왔지만 예배는 못 드리고 화만 내고 가게 되는 것입니다.

이제는 편리하지 않으면 견디지 못합니다. 우리의 삶이 그렇게 되어 버렸습니다. 계산해 보고, 아니다 싶으면 그냥 포기합니다. 그런데 예수님께서는 공생애 처음에 일부러 광야와 사막에 들어가셨습니다. 광야와 사막 같은 인생을 살아가는 우리들이 잘못된 유혹에 빠지지 않고 어떻게 승리하며 살아갈 수 있는지를 몸소 가르쳐 주시는 것입니다.

우리는 공간적인 사막의 개념보다 시간적인 개념의 사막 속에 살아갑니다. 사막처럼 길이 보이지 않는 상황, 너무 덥거나 추운 상황, 너무 외로운 상황, 사방의 적들로부터 언제 어떻게 될지 모르는 상황, 해봤지만 아무것도 안 되는 상황, 이제 더 이상 먹을 수 있을까 마실 수 있을까 걱정하는 상황을 우리는 살고 있습니다. 사실 누구나 다 이런 길을 걷고 있습니다. 그런 우리에게 주님은 "너희가 광야와 사막의 길을 걸어가게 될 텐데 절대로 세상이 이야기하는 실용성과 편리성만을 쫓지 마라" 하고 말씀하십니다. 편리성과 실용성을 쫓아가는 인생은 행복하지 않은 것입니다.

미국의 한 교회에서 집회를 한 적이 있습니다. 그 교회는 미국에서 제일 큰 한인 교회입니다. 교회 부지가 5만 평 정도 되는데, 한국 사람이 가장 많이 사는 도심에 있었습니다. 도심지에 어떻게 그렇게 큰 땅을 살 수 있었을까요?

이 교회는 한인 교회 중에서 전 세계적으로 선교사를 가장 많이 파송

한 교회입니다. 정말 선교를 많이 합니다. 선교사를 파송하는데 천문학적인 재정이 들어갔고, 그 사명을 감당하기 위해서 정작 자신들은 교회도 없이 이리저리 쫓겨 다니며 불편하게 예배를 드렸다고 합니다. 그런데 그 불편을 기쁘게 감수했더니 세계 도처에서 놀라운 하나님의 역사와 열매들이 일어났습니다. 그리고 어느 날 하나님께서 교회 부지를 그냥 주셨다고 합니다. 자신들이 불편을 감수하며 선교했는데 하나님께서 그것의 100배, 1000배 이상 되는 선물을 주신 것입니다. 만약 그 교회가 합리적으로 생각하고, 편리함을 추구했다면 하나님의 기적을 경험하지 못했을 것입니다.

우리는 불편할 줄 알아야 합니다. 합리성과 실용성과 효율성을 포기할 줄 알아야 합니다. 그러면 거기서 하나님을 만날 수 있습니다. 가만히 생각하면, 우리가 너무 합리적으로 생각하다가 인생이 불행해진다는 것을 모르고 있습니다. 계산합니다. $10 - 5 = 5$. 수학에서는 이것이 정답이지만 우리 인생에서는 그렇지 않습니다. 내 삶이 마이너스가 될 때, 다른 사람들에게 나누고 베풀 때, 하나님께서 더 채워 주시는 놀라운 역사를 경험할 수 있습니다. 거기에서 "아! 하나님이 나의 삶을 이렇게 인도하셨네" 하고 고백할 수 있습니다. 광야에서 만나와 메추라기로 먹이신 하나님, 반석에서 샘물을 나게 하신 하나님, 구름 기둥과 불기둥으로 인도하신 하나님을 경험할 수 있습니다.

'거룩한 낭비.' 사람들이 볼 때는 바보같습니다. 그러나 하나님 안에서 더 풍성히 채워 주시는 은혜를 경험하게 됩니다. 내가 무엇을 어떻게 선택할 것인가, 어떻게 결정할 것인가가 매우 중요합니다. 주님께서 묻고 계십니다.

"십자가를 선택할 것인가, 아니면 당장의 배고픔을 위하여 빵을 선택할 것인가? 편리한 것을 선택할 것인가, 불편한 것을 선택할 것인가? 실용적인 것을 선택할 것인가, 아니면 거룩한 낭비를 선택할 것인가?"

무엇이라 대답하시겠습니까?

누구나 인생을 살며 심각한 사막을 경험합니다. 오아시스는 커녕 정말 아무것도 없는

사막을 경험합니다. 제 인생도 살펴보면, 그런 사막이 여러 번 있었습니다. 나이 서른에 사병으로 갔던 군대 시절도 그랬고, 미국에서 공부할 때도 그랬습니다. 가족과 친척 그리고 친구들을 떠나서 아무도 나를 알아주는 사람이 없는 그곳, 정말 외로움이 뭔지를 경험했습니다. 게다가 경제적인 여유가 없었기 때문에 항상 내일을 어떻게 살아야 할까 고민해야 하는 삶이었습니다. 냉장고에 얼마 남지 않은 음식들을 일주일간 아껴 먹으면서, 참 어렵게 공부했습니다. 당시 강준민 목사님이 저와 처지가 같았습니다. 우리는 일주일에 한 번씩 만나 큐티를 함께하며 서로에게 큰 위로가 되었습니다. 그때 평생 기도 동지가 되자고 약속했습니다.

열심히 공부했지만 미국 사람들과 경쟁하는 것은 매우 힘들었습니다. 수업이 있는 날마다 매번 페이퍼가 있었기 때문에 거의 매일 밤을 새야 했습니다. 그러다 보니 정작 수업시간에는 제정신으로 듣고 있는

$10 - 5 = 5$. 수학에서는 이것이 정답이지만 우리 인생에서는 그렇지 않습니다. 내 삶이 마이너스가 될 때, 다른 사람들에게 나누고 베풀 때, 하나님께서 더 채워 주시는 놀라운 역사를 경험할 수 있습니다.

것인지 아닌지 분간이 안 될 정도였습니다. 그렇게 공부하다가 교회 사역을 시작하면서 일이 많아졌습니다. 성경 가르치는 것보다 청소하고 운전하는 일이 정말 많았습니다. 공부하러 왔는데 현실은 청소하고 운전하고 있습니다. 그렇게 생각하니 제 마음속에 분노가 일어나는 것입니다. 내가 이거 하러 미국 온 거 아닌데, 너무 힘든 것입니다. 어느 날 밤 강대상 앞에 무릎 꿇고 기도했습니다. 분노하는 마음으로 신세한탄을 했습니다.

"하나님 이게 뭡니까? 지금 공부할 시간도 없는데, 이렇게 시간을 낭비하라고요? 말도 안 됩니다."

그때 하나님께서 제게 강하게 말씀하셨습니다.

"너 그거 안 하면 목회 못한다. 너 그거 못하면 인생 제대로 살 수 없다."

그날 하나님 앞에 울면서 회개했습니다. 하나님께서 그날 밤 제 마음을 바꿔 주셨고 거기서 새로운 인생이 출발됐습니다. 그때를 지금도 잊을 수 없습니다. 계산이 안 되는 거지만 그것을 선택했습니다. 말이 안 되지만 선택했습니다. 논리적으로 안 되지만 선택했습니다. 그때 거기서 하나님의 기적을 경험하고 하나님이 누구신지를 체험하며 여기까지 걸어올 수 있었습니다.

하나님께서 이스라엘 백성을 인도하셨던 것처럼, 그 황무지에서 주님이 저를 만나고 보호하고 눈동자같이 지켜 주셨다는 것이 저의 고백이요, 간증이 될 수 있었습니다. 실용성과 편리성에 함몰되어 불편한 것을 견디지 못하고, 손해 보는 것을 견디지 못하는 우리에게 주님은 그분의 공생애 첫 사건으로 우리가 어떻게 살아야 할지를 말씀하십니다.

🍃 내 감정과 생각은 얼마나 옳은가

제 추억의 박물관에는 수많은 장면이 있습니다. 서울에 살았지만 외갓집이 시골이어서 방학 때마다 항상 시골로 내려갔습니다. 그래서 도시와 시골을 함께 경험하는 어린 시절을 보냈습니다. 겨울에 눈이 하얗게 덮이면 친구들과 함께 썰매도 타고 토끼를 잡으러 뛰어다닌 추억들과 여름에는 냇가에서 수영하며 놀았던 장면들이 제 안에 담겨 있습니다.

서울에서 생활할 때는 전차와 승합차 같은 것을 타고 다닌 추억들도 있습니다. 옛날 한강의 백사장 특히 뚝섬 백사장은 굉장히 넓었습니다. 그래서 강수욕을 하며 보낸 추억들도 많습니다.

서울의 소공동 지하상가가 처음 생겼을 때 복잡해서 어디로 가야 하는지 분간할 수 없었습니다. 조선호텔 쪽으로 가야 했는데, 이쪽으로 올라가면 맞겠다 싶었지만 아니었습니다. 다시 내려가서 다른 방향으로 가 봤는데 또 아니었습니다. 그렇게 몇 번을 헤맨 적이 있습니다. 그 어린 시절 저는 "아, 내 느낌과 생각은 잘못될 수 있구나! 틀릴 때가 많구나!"라는 진리를 깨달았습니다.

사실 인간의 생각은 한계가 있습니다. 그러나 많은 사람이 "내 말이 맞다"라고 생각합니다. 자신의 말이 상당히 객관적이라고 생각합니다. 하지만 세상 어디에도 개관적인 사람은 없습니다. 각자의 생각은 다 주관적인 것입니다. 따라서 그 생각이 항상 맞는 것은 아니라는 것을 인식해야 합니다.

우리는 나아만 장군의 이야기를 잘 알고 있습니다. 나아만은 아람군대 장관이었습니다. 아람 왕 앞에서 크고 존귀한 자, 큰 용사였습니다. 그런데 그는 한센병 환자였습니다. 생각해 보십시오. 돈이 있고, 권력이 있은들 무슨 소용입니까. 한센병에 걸린 그 시점으로 그의 인생은 끝난 것입니다. 인생의 사막을 만나 그 한가운데 서 있는 상황입니다.

그때 이스라엘의 선지가가 고칠 수 있다는 이야기를 듣고 왕이 그에게 특별히 은혜를 베풀어 이스라엘로 보냅니다.

> [5]아람 왕이 이르되 갈지어다 이제 내가 이스라엘 왕에게 글을 보내리라 하더라 나아만이 곧 떠날새 은 십 달란트와 금 육천 개와 의복 열 벌을 가지고 가서 [6]이스라엘 왕에게 그 글을 전하니 일렀으되 내가 내 신하 나아만을 당신에게 보내오니 이 글이 당신에게 이르거든 당신은 그의 나병을 고쳐 주소서 하였더라
>
> _ 왕하 5:5~6

은 십 달란트 금 육천 개 하면 우리는 잘 와 닿지 않습니다. 현대인의 성경은 "은 340kg과 금 약 68kg"이라고 설명합니다(한 돈에 3.75g이니 약 1만 8,134돈입니다). 어마어마한 양을 가지고 간 것입니다. 그것과 함께 아람 왕의 친서를 받은 이스라엘 왕은 오히려 겁을 먹습니다.

"나병을 고치라니? 이렇게 해서 쳐들어 올 빌미를 잡는 거 아닌가!"

결국 나아만을 엘리사에게 보냅니다. 그런데 엘리사는 나와 보지도 않고 나아만에게 요단 강에 가서 몸을 일곱 번 씻으라고 합니다. 그 다음 나아만의 반응을 보십시오.

> [11]나아만이 노하여 물러가며 이르되 내 생각에는 그가 내게로 나와 서서 그의 하

나님 여호와의 이름을 부르고 그의 손을 그 부위 위에 흔들어 나병을 고칠까 하였도다 [12]다메섹 강 아바나와 바르발은 이스라엘 모든 강물보다 낫지 아니하냐 내가 거기서 몸을 씻으면 깨끗하게 되지 아니하랴 하고 몸을 돌려 분노하여 떠나니 _ 왕하 5:11~12

나아만이 고침을 받을 수 있는 하나님의 해결책은 이미 주어졌습니다. 그런데 나아만은 자기 생각이 앞섭니다. 그리고 자기 생각과 다른 이야기를 하니, 두 번 분노했다고 성경은 기록합니다. 그리고 그 자리를 떠나버립니다. 그런데 나아만의 종들이 "선지자가 그리 큰일을 하라고 한 것도 아닌데, 못할 것이 무엇입니까?" 하고 이야기합니다. 그제서야 생각을 바꾸고 요단 강에 들어가 하나님의 기적을 경험합니다.

다시 한 번 강조합니다. 하나님의 해결책은 이미 있습니다. 그 해결책으로 우리가 기적을 경험하지 못하는 이유는 내 생각이 너무 크기 때문입니다.

여기에 중요한 점이 있습니다. 하나님의 해결책은 이미 있는데 내 생각에 더 집중하면 불평하고 화만 내게 된다는 것입니다. 그리고 하나님의 기적을 경험할 수 없습니다. 만약 나아만이 자기 나라로 돌아갔다면 그때를 생각할 때마다 "참 말도 안 되는 엉터리 소리였다"라고 생각하며 살았을 것입니다. 하나님의 기적은 경험하지 못한 채 헛수고만 했다며 분노하는 인생을 살 수밖에 없었을 것입니다.

다시 한 번 강조합니다. 하나님의 해결책은 이미 있습니다. 그 해결책으로 우리가 기적을 경험하지 못하는 이유는 내 생각이 너무 크기 때문입니다. 이것이 우리의 문제입니다.

🍃 "네 생각이 맞다"는 유혹

⁵이에 마귀가 예수를 거룩한 성으로 데려다가 성전 꼭대기에 세우고 ⁶이르되 네가 만일 하나님의 아들이어든 뛰어내리라 기록되었으되 그가 너를 위하여 그의 사자들을 명하시리니 그들이 손으로 너를 받들어 발이 돌에 부딪치지 않게 하리로다 하였느니라 _ 마 4:5~6

사탄은 성전 꼭대기에서 뛰어내리라고 합니다. '뛰어내리라'는 말에 담긴 진짜 의미는 영어성경을 보면 더 확실히 나옵니다. "Throw yourself down." 네 능력으로 뛰어내리라는 것입니다. 사탄은 하나님의 생각이 아닌 너의 생각, 하나님의 능력이 아닌 너의 능력으로 그 일을 하라는 것입니다.

"네 말이 맞다"고 부추기며 사탄은 우리를 공격합니다. "네가 할 수 있다"는 것입니다. 성경에는 말세에 나타나는 여러 가지 징조를 예언하고 있습니다. 예수라고 일컫는 자들, 신천지 같은 이단들이 많이 생깁니다. 그리고 말세에는 자기를 사랑하는, 자기중심적인 삶을 살게 됩니다.

이 시대의 사조는 포스트 모더니즘과 뉴에이지입니다. 이 사상의 핵심은 "네 말이 맞다"는 것입니다. 하나님의 창조 질서가 있지만 그 질서와 상관없이 네 말이 맞고 네 생각이 진리라는 것입니다. 그래서 이 시대의 사람들은 자기만 생각합니다. 자기중심적으로 모든 것을 생각합니다. 실제로 점점 더 그렇게 되고 있습니다.

어떤 사람이 도둑질했다고 미워하면 안 됩니다. 사랑해야 합니다. 끝까지 위로하고 품어야 합니다. 품어 주는 것이 하나님의 원리입니다. 그러나 도둑질이 잘못임은 이야기해 줘야 합니다. 그런데 안타깝게도 이제 잘못한 것을 잘못했다고 이야기하지 못한다는 것입니다. 질서가 무너지면 세상도 무너집니다. 오늘날 이 세계가 얼마나 무질서와 혼돈 속에 있는지 모릅니다. 사탄은 그럴듯하게 우리에게 다가옵니다. 첫 번째 시험은 편리성과 실용성이었습니다. 이 시험은 인생을 가볍게 살고 있는 사람들을 향한 유혹일 것입니다. 두 번째 시험은 내 생각으로 가득 찬 사람들에게 주는 치명적인 것으로, "네 생각이 맞다"는 것입니다. 누구나 자신은 객관적이라고 생각하지만 실상 객관적인 사람은 없습니다. 모두 주관적입니다. 그리고 인간관계의 갈등이 여기서 시작됩니다. 주관적인 자기 생각을 이야기하면서 객관적이라고 생각하니 갈등이 생기는 것입니다.

자신의 생각이 틀리다고 생각하며 인생을 사는 사람은 없습니다. 그리고 사탄은 네 말이 맞으니 그것을 끝까지 잡고 있으라고 부추깁니다. 절대 놓쳐선 안 된다고 이야기합니다.

목사님들과 이야기를 나누다가 주제가 열등감으로 옮겨갔습니다. 정말 놀란 것은 대단한 목사님들도 열등감이 있다는 것입니다. 어떤 목사님은 학력에 대한 열등감이 있었습니다. 서울대 출신인데 말입니다. 서울 법대를 들어가지 못했기 때문입니다. 집안 형편이 너무 어려워서 법대에 합격하고도 사범대에 들어갈 수밖에 없었는데 그것이 열등감이 됐습니다. 그러다가 하나님을 만나 치유받았고, 하나님께서 인도하시는 인생을 사셨습니다.

열등감은 다른 사람의 능력, 가진 것 등과 비교해서 자신이 부족하다고 생각하기 때문에 생기는 것입니다. 솔직히 말씀드리면, 저는 열등감이 무지하게 많았던 사람입니다. 신학교를 다니면서 공부 잘하는 사람, 말 잘하는 사람, 리더십이 뛰어난 사람들을 보면 말로 표현할 수 없을 만큼 부러웠습니다. 설교학 시간에 사람들 앞에서 실제로 설교한 적이 있습니다. 그때 교수님은 "자네는 4년 동안 배운 것이 이것밖에 안 되나?" 하셨습니다. 제 실력이 딱 그만큼밖에 안 되었던 것입니다.

그런데 못하기 때문에, 능력이 없다고 생각하기 때문에, 내 생각으로 안 된다고 생각하기 때문에 주님의 은혜를 구했습니다. 그리고 하나님의 기적을 경험했습니다. 많은 경우 내 생각이 너무 많아 하나님의 것이 들어올 수가 없습니다. 우리는 하나님 앞에 빈 잔으로 나아가야 합니다.

"하나님 내 생각이 아니라 하나님의 생각을 내 안에 넣고 싶습니다. 하나님의 뜻을 하나님의 말씀을, 하나님의 은혜를 구합니다!"

이렇게 인생을 살아갈 때 하나님께서는 그 사람을 통해 역사하십니다. 내가 잘났다고 내 말이 맞다고 내 생각과 능력이 맞다며 인생을 살아가는 사람들은 결국 패배자가 되고 실패할 수밖에 없습니다. 사탄은 우리에게 다가와 "네 말이 맞아!"라고 계속해서 유혹합니다. 하지만 그렇지 않습니다. 나의 말이 맞는 것이 아닙니다. 하나님의 말씀이 맞는 것입니다. 나의 느낌과 생각은 불안한 것입니다. 많은 사람이 옳다고 주장한다고 그것이 진리가 될 수는 없습니다. 하나님의 말씀이 진리입니다.

과학자들이 실험을 했습니다. 아무것도 없는 곳에서 목적지가 있는 방향을 가르쳐 주고 그 방향으로 가라고 하면, 사람들은 그곳으로 가지 못하고 처음 출발한 지점을 중심으로 원을 그린다고 합니다. 자신은 맞다고 생각하면서 가지만 거의 모든 사람이 원을 그리며 돈다는 것입니다. 우리의 생각과 느낌은 믿을 것이 못 됩니다. 계속 변하기 때문입니다. 그러므로 우리 인생의 기준은 하나님의 말씀이어야 합니다. 그리고 하나님의 말씀으로 방향을 잡았다 하더라도 반복적으로 확인해야 합니다.

못하기 때문에, 능력이 없다고 생각하기 때문에, 내 생각으로 안 된다고 생각하기 때문에 주님의 은혜를 구하는 것입니다. 우리는 그렇게 하나님 앞에 빈 잔으로 나아가야 합니다.

집요하게 올라오는 나의 생각 때문에 다른 길로 빠지기 십상인 것입니다. 따라서 그 길이 하나님의 말씀과 뜻에 맞는지를 계속 확인하는 것이 필요합니다. 내 생각이 틀리고 하나님의 말씀이 맞다는 것, 이것을 인정하는 것에서부터 인생이 다시 시작합니다. 내 느낌과 생각으로 인생을 살면 헤맬 수밖에 없습니다.

예수님은 광야에서의 시험을 통해 가르쳐 주고 계십니다.

"네가 하면 안 된다, 하나님께서 하시도록 해야 한다."

하나님의 말씀을 들으십시오. 내 생각으로 가득 차면 헤매는 인생을 살 수밖에 없습니다. 하나님의 해결책은 이미 있습니다. 그러나 우리의 생각대로 떠돌면서 헤매고 있지 않은지 주님께서 묻고 계십니다.

매일 우리의 삶 속에 주님의 마음과 생각이 무엇인지를 확인해야 합니다. 주님의 은혜를 구하는 삶이 돼야 합니다. 나의 생각으로 가득 차 있을 때 주님의 기름 부으심은 일어나지 않습니다. 내 생각을 과감히 포기하고 하나님이 내게 말씀하시는 은혜의 기름 부으심을 경험하며 살기를 소망합니다.

🍃 인생에서 가장 중요한 것

우리의 인생에서 무엇이 가장 중요하다고 생각하십니까? 몇 개의 보기를 드리겠습니다. ① 취미 생활, ② 돈, ③ 권력 혹은 높은 자리 승진, ④ 가족 혹은 자녀, ⑤ 소유, ⑥ 명예, ⑦ 건강. 답은 ⑧번 하나님입니다. 인생에서 가장 중요한 것은 우주 만물을 창조하시고 인생을 주관하시는 하나님이십니다. 우리는 그 하나님을 믿고 의지합니다. 그런데 가만히 보면 하나님을 믿는다 하면서도 사실, 우리가 더 애타게 기다리는 어떤 것들이 있습니다. 머릿속으로는 하나님이 가장 중요하다고 생각하지만, 정말 하나님이 우리의 삶 속에 가장 중요한 위치를 차지하고 있는가를 자문해 보면 자신 있게 대답할 사람이 많지 않습니다.

> [8]마귀가 또 그를 데리고 지극히 높은 산으로 가서 천하 만국과 그 영광을 보여 [9]이르되 만일 내게 엎드려 경배하면 이 모든 것을 네게 주리라 _ 마 4:8~9

　예수님은 광야에서 마귀에게 시험을 받으셨습니다. 우리의 인생도 의식적이든 무의식적이든, 광야와 사막 같은 인생을 살며 수없는 사탄의 도전과 유혹, 시험을 받게 된다는 것을 보여 주시려는 것입니다. 마귀의 세 번째 시험을 한 마디로 표현하면 '우상 숭배'입니다. 우상에 절하고 섬기라는 시험입니다. 우상 숭배라고 하면 보통 자신과는 상관없다고 생각합니다. 돼지 머리 가져다 놓고 절을 하지는 않기 때문입니다. 그런데 성경은 무엇인가를 하나님보다 더 사랑하는 것이 우상 숭배라고 말합니다. 하나님께서 십계명을 주시는 장면을 생각해 보십시오.

> ³너는 나 외에는 다른 신들을 네게 두지 말라 ⁴너를 위하여 새긴 우상을 만들지 말고 또 위로 하늘에 있는 것이나 아래로 땅에 있는 것이나 땅 아래 물 속에 있는 것의 어떤 형상도 만들지 말며 ⁵그것들에게 절하지 말며 그것들을 섬기지 말라 나 네 하나님 여호와는 질투하는 하나님인즉 나를 미워하는 자의 죄를 갚되 아버지로부터 아들에게로 삼사 대까지 이르게 하거니와 ⁶나를 사랑하고 내 계명을 지키는 자에게는 천 대까지 은혜를 베푸느니라 _ 출 20:3~6

　이 〈출애굽기〉 20장 3~6절은 바로 우상 숭배하지 말라는 말씀입니다. 그 이유로 하나님은 질투하는 하나님이기 때문이라고 설명합니다. 하나님께서 질투하신다고요? 하나님 앞에 우리가 뭔데요? 우리는 하나님 앞에 무엇을 내세울 수 있는 존재가 아닙니다. 그런데 하나님께서는 우리를 질투할 정도로 사랑한다고 말씀하십니다. 하나님의 강렬하고도 뜨거운 이 사랑을 이해하십니까? 생각해 보십시오. 하나님께서는 우리를 먼저 섬기고 사랑하셨습니다. 죄로 말미암아 멸망의 저주 아래 놓여 아무런 희망과 가능성이 없었던 우리를 하나님은 먼저 사랑하셨습니다. 십자가 위에서 그분의 목숨과 모든 것을 내어 주시고 은혜를 베풀어 구원하셨습니다. 나를 향한 목숨 건 하나님의 사랑은 이처럼 불붙는 사랑입니다. 하나님께서는 우리에게 말씀하십니다.

"다른 것들을 섬기지 마라! 다른 것들을 사랑하지 마라! 오직 나만 사랑해라!"

성경에 한 단어만을 남긴다면 그것은 사랑입니다. 하나님께서 우리를 사랑하셨고, 우리는 그 하나님을 사랑하는 것입니다.

그런데 사랑의 중요한 특징 가운데 하나는 '절대성'입니다. 남편이나 아내가 거실을 꽃과 촛불로 멋지게 장식해서 고백을 한다고 생각해 보십시오. "여보, 내가 정말 당신 사랑해" 하면 "살다보니 이런 날도 있구나" 하면서 감동받을 것입니다. 그런데 "저번에 서울역에서 만난 안성댁은 두 번째로 사랑하고, 화정역에서 만났던 아가씨는 세 번째로 사랑해"라고 말한다면 이혼하자고 난리가 날 것입니다. 사랑은 그렇게 절대적인 것입니다. 하나님을 사랑한다면 하나님만 사랑하고 섬기는 것입니다.

그런데 우리는 사랑하는 게 너무 많습니다. 어떤 이는 돈을 섬기고 있습니다. 어떤 사람은 권력, 어떤 이는 취미 생활, 어떤 사람은 가족, 자녀, 소유, 건강과 같은 세상의 것들을 자신도 모르게 섬기고 있습니다.

삶의 바른 순서는 먼저 하나님을 섬기고 사랑하는 것입니다. 그럴 때 나머지들은 따라옵니다. 그러나 많은 경우 순서가 바뀌었습니다. 나머지를 쫓아가며 하나님은 뒤에서 따라오게 합니다. "하나님 이번에 이 문제 이렇게 돼야 합니다. 하나님 꼭 이렇게 해주십시오!" 하는 것입니다. 하나님을 섬기고 사랑하는 것이 아니라 실제로는 하나님을 이용하고 있습니다.

🌱 하나님의 생각을 켜 놓은 삶

출애굽한 이스라엘 백성의 어처구니 없는 행동을 봅니다. 하나님께서는 애굽에서 비참한 생활을 하고 있던 이스라엘을 강권적인 역사와 은혜로 구출해 주십니다. 홍해를 건넌 다음에는 미리암이 찬양하고 모든 사람이 함께 영광 돌리며 감격적으로 하나님께 감사를 드렸습니다. 그런데 금방 변합니다.

모세가 시내 산에 올라가 하나님 말씀을 받는 동안, 백성들은 아론을 중심으로 금송아지를 만들었습니다. 그리고 절합니다. 모세가 눈에 보이지 않으니 어찌 되었는지 알 수 없다며 새로운 신을 만든 것입니다. 그들은 하나님의 놀라운 은혜, 기적을 경험했습니다. 그런데 우상을 섬기고 있습니다. 왜 그럴까요? 이스라엘이 애굽에서 노예로 생활하는 동안 애굽 사람들이 금신상을 만들어 절하는 것을 보았습니다. "아 저렇게 하니 잘되는구나!" 하고 생각했습니다. 하나님의 사람들이 세상 사람들이 잘되는 방법을 보면서 자신도 모르게 길들어 그것을 따라가는 것입니다.

이스라엘의 모습이 어처구니 없다고 생각하지만 성경은 이 모습이 우리를 비추는 거울이라고 말합니다. 하나님께서는 기적 같은 역사와 능력으로, 십자가 보혈의 은혜로 우리를 구원하시고 세상 사람들과 다르게 불러 주셨습니다. 그런데도 우리는 세상 사람들이 살아가는 방법을 보면서 따라가고 있는 것입니다.

이스라엘 백성도 하나님을 포기한 것은 아닙니다. 그들은 여전히 하나님을 믿는다고 생각합니다. 그러면서 세상 방법으로 사는 것입니다. 우리도 가만히 보면 금신상을 섬기는 것처럼 무엇인가를 섬기고 있습니다. 하나님을 믿는다고 하지만 다른 어떤 것도 섬기고 있습니다.

어떤 이는 자녀를 섬기고 있습니다. 삶의 모든 것이 자녀로부터 시작해 자녀로 해석하고, 자녀를 중심으로 움직입니다. 있는 거 없는 거 다 자녀를 위해 투자합니다. 하나님도 자녀 때문에 필요합니다. 그래서 공부를 위해서라면, 중요한 시험이 있으면, 예배드리지 말고 학원 가서 공부하게 합니다. 정말 하나님을 믿는다면 "너 예배부터 드려야 돼" 해야 합니다. 그런데 아이들이 예배드리고 있으면 부모들이 더 불안해 합니다. 이것은 어떤 사실을 반영하는 것인가요?

물질도 그렇습니다. 수많은 사람이 물질을 따라갑니다. 사실 대부분의 사람은 물질에 의해서 움직입니다. 돈을 따라가는 것입니다. 우리는 돈이 나를 책임져 준다고 생각합니다. 돈이 나를 행복하게 만들 거라고 생각합니다. 돈이 주는 편리함을 경험해 봤기 때문입니다. 그러나 사실은 그렇지 않습니다. 물질은 하나의 수단일 뿐입니다. 우리의 모든 것을 주관하시는 분은 하나님입니다. 하나님을 따라가면 물질은 자연히 내 뒤에 따라옵니다. 그런데 우리는 물질을 따라가면서 하나님을 뒤따라오게 합니다. 하나님을 믿지 않는 것이 아닙니다. 하나님이 첫 번째가 아닌 것입니다. 그렇게 되면 우리 인생은 뒤죽박죽이 되어 버립니다.

우리가 헌금하지 못하는 이유 중에 하나는 수중에 돈이 없으면 불안하기 때문입니다. 사실 하나님을 믿는다고 하면서도 불안증 때문에 좋은 일에 쓰지 못하고, 헌금도 못하는 것입니다.

우상 숭배하라고 광야의 주님을 유혹한 사탄은 아무것이든 섬기라고 우리를 계속 유혹할 것입니다. 그래도 우리는 하나님만을 섬겨야 합니다. 지금 나는 무엇을 섬기고 있는지, 무엇을 갈망하며 무엇을 따라가고 내 눈동자와 시선은 어디를 향해 있는가를 생각해 보십시오.

함복만 시인의 〈가을〉이라는 시에 "당신 생각을 켜 놓은 채 잠이 들었습니다"라는 문구가 있습니다. 그 사람을 얼마나 사랑하는지가 고스란히 드러납니다. 우리 시선과 삶의 사이클, 그리고 자녀까지도 이처럼 하나님께 고정해야 합니다. 항상 하나님의 생각을 켜 놓아야 합니다. 그런데 우리는 다른 것에 고정되어 있고 다른 생각으로 가득 차 있습니다. 내 안에 있는 다른 것들 때문에 하나님이 필요하다면 우리는 지금 인생을 반대로 살고 있는 것입니다.

"I miss you more than my next breath." 다음 숨을 기다리는 것보다 당신을 더 기다리고 사모한다는 뜻입니다. 사람의 가장 큰 갈망은 숨 쉬는 것입니다. 다음 숨을 못 쉰다면 먹는 것, 입는 것, 좋은 집이 무슨 소용입니까? 모든 것이 무의미합니다. 그런데 내가 얼마나 당신을 사랑하는지, 나의 다음 숨보다 당신을 더 기다리고 사랑하고 갈망한다고 합니다. 이것이 하나님을 향한 우리의 고백이 돼야 합니다!

정말 중요한 것이 무엇인지를 반드시 결정한 다음에 인생의 방향과 순서와 방법을 결정해야 합니다. 그러지 않으면 믿는다고 하면서 이리저리 헤매는 인생을 살 수밖에 없습니다. 우리 각자 어떤 삶의 문제 앞에 놓여져 있는지 모르겠습니다. 사탄은 우리도 모르게 유혹합니다. 우리 앞에 있는 그것에 목숨을 걸라고, 그것을 섬기라고, 그것을 갈망하라고 합니다. 그런데 그렇지 않습니다. 그 자리에서 우리의 시선을 옮겨 주님께 향해야 합니다. 주님만을 섬기고 사랑하며 내 인생을 주님께 걸 때 나머지 것들은 따라오게 만들어 주십니다. 이것이 하나님의 원리입니다.

우리는 세상의 원리에 세뇌되어 이스라엘이 범한 잘못을 반복하고 있습니다. 하나님을 믿지만 또 다른 것을 믿습니다. 하나님을 사랑하면서 다른 것도 사랑합니다. 우리가 먼저 하나님을 따라가며 다른 모든 것이 따라오게 만들어야 하나님의 기적, 하나님의 능력, 하나님의 위대하심을 경험할 수 있습니다. 신앙이 무엇이고 믿음이 무엇인지, 내 인생을 어디에 걸고 어떻게 조정해야 할지 결단하기를 간절히 바랍니다.

¹그때에 예수께서 성령에게 이끌리어 마귀에게 시험을 받으러 광야로 가사 ²사십 일을 밤낮으로 금식하신 후에 주리신지라 ³시험하는 자가 예수께 나아와서 이르되 네가 만일 하나님의 아들이어든 명하여 이 돌들로 떡덩이가 되게 하라 ⁴예수께서 대답하여 이르시되 기록되었으되 사람이 떡으로만 살 것이 아니요 하나님의 입으로부터 나오는 모든 말씀으로 살 것이라 하였느니라 하시니 ⁵이에 마귀가 예수를 거룩한 성으로 데려다가 성전 꼭대기에 세우고 ⁶이르되 네가 만일 하나님의 아들이어든 뛰어내리라 기록되었으되 그가 너를 위하여 그의 사자들을 명하시리니 그들이 손으로 너를 받들어 발이 돌에 부딪치지 않게 하리로다 하였느니라 ⁷예수께서 이르시되 또 기록되었으되 주 너의 하나님을 시험하지 말라 하였느니라 하시니 ⁸마귀가 또 그를 데리고 지극히 높은 산으로 가서 천하 만국과 그 영광을 보여 ⁹이르되 만일 내게 엎드려 경배하면 이 모든 것을 네게 주리라 ¹⁰이에 예수께서 말씀하시되 사탄아 물러가라 기록되었으되 주 너의 하나님께 경배하고 다만 그를 섬기라 하였느니라 ¹¹이에 마귀는 예수를 떠나고 천사들이 나아와서 수종 드니라 _〈마태복음〉 4:1~11

찬양 듣기

#14
길이
안 보일 때

사막의 풍경에는 공통점이 하나 있습니다. 길이 안 보인다는 것입니다. 굉장히 넓은 사막에서 길을 찾을 수 없습니다. 사실, 우리 인생을 광야와 사막을 건너는 것이라고 표현하는 이유 중에 하나도 너무 많은 길이 있어 어디로 가야 할지 모르는 상황들이 많기 때문입니다. 내가 어디로 어떻게 가야 할지, 무엇을 선택하며 가야 할지 모르는 상황이 참 많습니다. 그럴 때는 이 길로 안 가겠다는 것을 정해 놓으면 선택이 쉬워집니다.

젊어서 신학교를 다닐 때, 저는 학교 공부를 많이 하기보다 목사가 무엇인가, 어떤 목사가 되어야 하는가 하는 고민들을 더 많이 했습니다. 그때 결심한 구체적인 것들이 여러 가지가 있습니다. 그 중에 하나가 뚱

뚱한 목사는 되지 않겠다는 것이었습니다. 목사가 살이 찌면 게으른 것 같은 느낌이 들었기 때문입니다. 다음으로, 돈 따라가지 않겠다고 결심했습니다. 신학교를 졸업하면서 수많은 선택이 있었습니다. 그런데 그 하나를 결정해 놓으니까 결정이 쉬웠습니다. 편하고 쉬운 길이 있었지만 불편해도 돈을 따라가지 않는다고 생각하며 결정했습니다. 그랬더니 하나님께서는 기적과 능력을 경험하게 하셨습니다.

지금도 이런 길은 가지 않으리라 하는 것들이 있습니다. 그 중에 하나가 '성장주의'입니다. 성장주의는 큰 것을 추구하는 것인데 무조건 큰 것이 좋은 것은 아닙니다. '가나안 성도'라는 말이 있습니다. 거꾸로 하면 '안 나가'가 됩니다. "예수님은 좋지만 교회는 싫다, 예수님을 제대로 따르기 위해 교회를 떠난다"는 것입니다. 교회에서 어떻게 이런 일들이 일어날 수 있을까 하는 참담한 일들이 주변에서 쉽게 생깁니다. 많은 교회가 성장주의로 갔기 때문입니다. 우리 교회만 잘되면 된다고 생각하고 교회들끼리 하지 말아야 할 일들을 합니다.

우리 교회만 잘되는 것은 의미가 없습니다. 하나님께서 원하시는 것은 모든 교회가 함께 잘되는 것입니다. 우리 교회는 부흥하는데 옆의 교회가 망해 간다면 그것이 하나님 앞에서 무슨 의미가 있습니까? 옆의 교회도 잘돼야 합니다. 세상 사람들이 보기에 교회가 아름답다면 오고 싶은 마음이 생길 것입니다. 교회들이 서로 경쟁하다 보니 물량주의에 빠지고, 우리 교회만 잘되면 된다는 식의 개교회 이기주의로 가는 것입니다. 그래서는 안 됩니다. 우리 교회가 잘되는 만큼 옆의 교회도 잘 돼야 합니다. 그런데 우리는 성장주의에 빠져서 우리 교회만 잘되면 된다고 생각합니다.

우리의 인생도 나 혼자 잘되는 것은 의미가 없습니다. 불행한 것입니다. 같이 잘돼야 합니다. 내 주변에 있는 사람이 같이 잘되는 것이 정말 멋진 것입니다. 우리가 정말 하나님의 뜻이 무엇인가를 생각할 때 가장 중요한 것 가운데 하나는 같이 잘되는 것입니다.

> 우리 교회만 잘되는 것은 의미가 없습니다. 하나님께서 원하시는 것은 모든 교회가 함께 잘되는 것입니다. 우리 교회는 부흥하는데 옆의 교회가 망해 간다면 그것이 하나님 앞에서 무슨 의미가 있습니까?

그리고 '성직주의'를 포기했습니다. 많은 경우 목사가 교회 행정의 중심이 됩니다. 그러다 보니 목사에 의해 뭐든지 움직입니다. 이것은 좋은 교회가 아니라고 생각합니다. 담임 목사가 갑자기 없어져도 우왕좌왕하지 않고 잘되는 교회가 좋은 교회입니다. 사람들은 담임 목사의 의도가 무엇인지 알려고 합니다. 하지만 진리 외에 교회를 향한 개인적인 의도는 거의 없습니다. 어떤 사람은 담임 목사의 생각을 본인이 맘대로 해석해서 목사의 의도가 이것이라고 이야기하기도 합니다. 그러다 보니 문제가 생깁니다. 또 어떤 사람은 "목사님 카리스마 있게 밀고 가십시오. 왜 그렇게 눈치 보는 것 같이 하십니까!" 하고 말하기도 합니다. 그런데 목사가 사사건건 간섭하면 그것은 독재입니다. 절대 좋은 것이 아닙니다. 진리를 위해서는 목숨을 걸어야 하지만 방법은 다양함을 인정해야 합니다.

🌿 우리를 잘못된 길로 인도하는 세 가지

어느 길로 가야 할지 모를 때 우리를 잘못된 길로 인도하는 세 가지가 있습니다. 따라서 이것들은 하지 않으리라는 원칙을 세우면 가는 길이 보다 쉽습니다.

우리를 잘못된 길로 인도하는 첫 번째는 우리의 '느낌'입니다.

> 내 앞에 수많은 길들이 열려 있을 때, 그리고 어떤 길을 택해야 할지 모를 때, 되는대로 아무 길이나 들어서지 말고 앉아서 기다려라. 네가 세상에 나오던 날 내 쉬었던 자신의 길은 숨을 들이쉬며 기다리고 또 기다려라. 네 마음속의 소리를 들어라. 그러다가 마음이 네게 이야기할 때 마음 가는 곳으로 가거라.
>
> _공지영, 《네가 어떤 삶을 살든 나는 너를 응원할 것이다》

표현 자체는 멋지고 감미롭습니다. 그런데 이 이야기의 핵심은 네 생각 네 느낌이 맞다는 것입니다. 네가 맞다고 느끼는 것을 하라는 것입니다. 포스트 모더니즘 시대의 가장 큰 특징이 바로 이것입니다. 뉴에이지 운동의 기본 사상도 마찬가지입니다. 네가 옳다고 느끼는 것이 옳다는 것입니다. 그래서 절대 진리를 상대화합니다. 지금 사회의 모든 상황과 어려운 갈등은 여기서 나옵니다.

세상은 우리를 세뇌합니다. "네 말이 맞다! 느낌이 맞다!"고 합니다. 그러니 질서가 무너지는 것입니다. 우리 개인의 삶도 마찬가지입니다. 내 느낌 쫓아가면 내가 원하는 곳과 다른 방향으로 갈 수 있습니다. 그리고 마침내 인생의 황혼에서 왜 이 길로 왔을까 후회하는 것입니다. 세상은 미디어를 통해 계속 느낌이 맞다고 주장합니다. 사탄이 우리에게 주는 가장 큰 유혹입니다. 그것이 아니라고 단호하게 선포하고 하나님의 말씀, 표지판을 쫓아가야 합니다.

우리를 잘못된 길로 인도하는 두 번째는 우리 '감정'입니다.

> 여러분이 목사이든 사역자이든, 여러분의 모습을 한 번 살펴보십시오. 지도자들에게는 이끌어 주지 않는다고 화를 내고, 교우들에게는 자기를 잘 따라주지 않는다고 화를 냅니다. 교회에 나오지 않는 사람들에게는 나오지 않는다고 화를 내고, 나오는 사람들에게는 왜 그렇게 열심이 없느냐고 화를 냅니다. 가족들에게는 자기에게 왜 그렇게 죄책감을 갖게 하느냐고 화를 내고, 스스로는 내가 왜 가족들이 바라는 존재가 되지 못할까 속이 상해 화를 냅니다. 이것은 드러내 놓고, 눈에 띄게 바락바락 소리를 질러대는 분노가 아닙니다. 부드러운 말과, 웃는 얼굴과, 점잖은 악수 뒤에 숨어 있는 분노입니다. 이것은 냉혹한 분노입니다. 이 분노의 밑바탕에는 날카로운 원한이 스며 있습니다. 이 분노는 관대한 마음까지도 서서히 마비시켜 버립니다. – 헨리 나우엔, 《사막의 영성》

우리는 자신도 모르게 내 안에 쌓인 감정, 원망과 분노를 따라 인생을 살아갑니다. 그 길의 종착점이 어딘지도 모른 채 쫓아가고 있습니다. 거기서 돌아서야 합니다. 감정을 쫓아가는 그 길은 희망이 없습니다. 내일이 없습니다. 스스로 불행한 것입니다. 사탄은 계속해서 감정을 쫓아가게 유혹하겠지만, 우리는 돌아서야만 합니다.

세 번째는 기계적인 '논리'입니다. 인생에서 중요한 것들은 모두 논리를 뛰어넘습니다. 꽃이 있습니다. 이 꽃의 성분을 과학적이고 논리적으로 분석할 수 있습니다. 그러나 꽃을 보면서 받는 감동은 논리를 뛰어넘는 것입니다. 사랑을 고백할 때 꽃을 주기도 합니다. 그런데 사랑을 논리적으로 설명할 수 있나요? 논리로 설명될 수 있다면 그것은 더 이상 사랑이 아닙니다. 정말 중요한 것은 논리를 뛰어넘는 것입니다.

논리는 기계적인 것입니다. 논리에는 인격이 없습니다. 1+1은 2일 뿐입니다. 그것이 3이 되고 10이 되고 100이 된다는 사실은 모릅니다. 과학적으로 볼 때 뉴턴이 '만유 인력의 법칙'을 발견했습니다. 참 중요한 발견입니다. 그 당시에는 엄청난 것이었습니다. 그런데 지금은 '카오스 이론'이 등장했습니다. 규칙적이지 않은 것도 있다는 주장입니다. 결국 과학도 논리 너머의 세계를 탐구하기 시작했습니다.

믿음을 어떻게 논리적으로 설명할 수 있겠습니까? 사랑은 또 어떻구요? 그런데 우리는 이 논리라는 함정에 늘 빠집니다. 논리적으로 맞는 것이 옳다고 주장하고 그것을 따르고 있습니다. 그런데 정말 중요한 것은 어렵지 않습니다. 삼차 방정식으로 풀어야 하는 문제가 아닙니다.

'느낌'과 '감정'과 '논리', 이 세 가지가 길을 잃게 만드는 요인입니다. 자신도 모르게 감정과 느낌과 논리를 쫓아가려 하는데 우리는 진리를 쫓아가야 합니다. 불변하는 하나님의 말씀을 보십시오.

우리를 끌고 가는 것은 말씀이 되어야 합니다. 진리가 우리의 인생을 끌고 가야 합니다. 그런데 '느낌'과 '감정'과 '논리'가 끌고 간다면 반대로 가는 것입니다.

어떤 길은 사람이 보기에 바르나 필경은 사망의 길이니라 _ 잠 16:25

얼마나 엄청난 하나님의 선언인가요? 우리의 느낌으로는 바른 것 같습니다. 그러나 우리의 감정과 논리로 맞아 보이는 것이 사망의 길이라는 것입니다. 느낌과 감정과 논리를 쫓아가지 않고 하나님의 말씀과 진리를 쫓아가야 합니다. 계속되는 사탄의 유혹을 주님은 어떻게 물리치셨습니까? 바로 하나님의 말씀입니다.

> 기록되었으되 사람이 떡으로만 살 것이 아니요 하나님의 입으로부터 나오는 모든 말씀으로 살 것이라 하였느니라 하시니 _ 마 4:4

> 기록되었으되 주 너의 하나님을 시험하지 말라 하였느니라 하시니_마 4:7

> 기록되었으되 주 너의 하나님께 경배하고 다만 그를 섬기라 하였느니라
> _마 4:10

우리를 끌고 가는 것은 말씀이 되어야 합니다. 진리가 우리의 인생을 끌고 가야 합니다. 그런데 '느낌'과 '감정'과 '논리'가 끌고 간다면 반대로 가는 것입니다. 열심히는 갑니다. 그러나 거기서 기쁨이 뭔지는 경험하지 못합니다. 열심히는 갑니다. 그러나 행복이 뭔지는 경험하지 못합니다. 많은 것을 이룬 것 같습니다. 그러나 그 안에서 고독하고 불행한 자신을 발견합니다. 진리를 쫓아 가야 하는 것입니다.

🍃 말씀의 핵심

신학교 시절에, 만나 뵌 적은 없지만 제게 큰 도전을 준 멘토가 있습니다. 오래 전에 돌아가신 전영창 선생입니다. 그는 신흥고등보통학교 시절 신사 참배를 거부했는데 이것을 본 린턴 교장이 그를 고베 신학교에 유학할 수 있도록 지원했습니다. 그는 미국 웨스트민스터 신학교에 진학했는데 그 학교에 유학온 최초의 한국 학생이었습니다.

그런데 6.25 전쟁이 나서 조국으로 돌아옵니다. 장기려 박사와 손을 잡고 피난민들을 위해 진료 활동하면서 어려운 사람들을 도와줍니다. 전쟁이 끝나고 하던 공부를 마치려고 다시 미국에 갑니다. 공부를 다 마치자 대학에서 교수직을 제의했습니다. 안정된 직장이었습니다. 그런데 그 교수직을 거부하고 두메산골에 있는 거창고등학교라는, 폐교 직전에 있는 학교에 가서 그곳에서 큰일을 이루었습니다.

저는 전영창 선생의 이야기를 읽고 이런 인생을 살아야겠다고 결심했습니다. 제가 돈을 쫓아가지 않겠다고 한 것도 이분에게 도전을 받았기 때문입니다. 돈을 더 많이 받을 수 있는 곳이 있지만 그것을 포기할 줄 알기 때문에 더 귀한 것을 얻었습니다.

이분이 학생들에게 가르친 직업 선택의 십계명이 있습니다.

> 첫째, 월급이 적은 쪽을 택하라.
> 둘째, 내가 원하는 곳이 아니라 나를 필요로 하는 곳을 택하라.
> 셋째, 승진의 기회가 거의 없는 곳을 택하라.

넷째, 모든 조건이 갖추어진 곳을 피하고 처음부터 시작해야 하는 황무지를 택하라.

다섯째, 앞을 다투어 모여드는 곳을 절대 가지 마라.

여섯째, 장래성이 전혀 없다고 생각되는 곳으로 가라.

일곱째, 사회적 존경 같은 것을 바라볼 수 없는 곳으로 가라.

여덟째, 한 가운데가 아니라 가장자리로 가라.

아홉째, 부모나 아내나 약혼자가 결사 반대 하는 곳이면 틀림없다.

열째, 왕관이 아니라 단두대가 기다리는 있는 곳으로 가라.

편리하고 쉬운 것은 쫓아가지 말고, 하나님의 뜻이 무엇인가, 하나님의 말씀이 무엇인가를 생각하라는 것입니다. 비록 다른 사람이 볼 때 바보 같을지라도 하나님의 말씀을 따라 선택할 때, 그 삶의 현장에서 하나님을 경험하고 기적과 은혜를 알게 됩니다.

한 번뿐인 인생입니다. 그래서 일생입니다. 어떤 길을 걸어가고 있습니까? 그냥 그저 그렇게 살아가는 인생이 아니라 인생의 기쁨이 뭔지, 감격이 뭔지, 노래가 뭔지, 간증이 뭔지를 경험할 수 있는 길로 가기를 바랍니다.

하나님 말씀의 핵심은 십자가입니다. 〈창세기〉부터 〈요한계시록〉까지 십자가를 위해서 있는 것입니다. 십자가를 지는 것은 힘든 일이었습니다. 주님도 이 잔을 옮기실 수 있으면 옮겨 달라고 기도하셨습니다. 그러나 십자가는 나도 잘되고 남도 잘되는 사건이었습니다. 그 십자가 때문에 모든 민족과 열방이 구원받게 된 것입니다. 우리는 그 길을 가야 합니다. 우리는 세상이 가는 그 길 따라가지 말고 하나님이 내게 하시는 말씀을 들어야 합니다. 어디로 가고 있는지 돌아보고, 하나님의 말씀으로 다시 방향을 잡는 우리 모두가 되기를 소망합니다.

 우리들의 나침반

어떤 길은 사람이 보기에 바르나 필경은 사망의 길이니라 _〈잠언〉 16:25

찬양 듣기

15

오아시스를
경험해야 합니다

독일의 심리학자 에크하르트 뮐러는 에너지가 소진되는 과정 5단계를 이야기했습니다. 글을 읽으며 공감되는 부분들이 많아 소개해 드리려고 합니다. 에너지 소진 과정의 첫 번째 단계는 '이상주의적 열심의 단계'입니다. 삶의 에너지가 벌겋게 타오릅니다. 이 단계에서는 뭐든지 다 할 수 있을 것 같습니다. 무모할 정도로 도전하고 일에 몰두합니다.

두 번째 단계는 '현실적 실용주의의 단계'입니다. 일을 하면서 실패와 문제를 만납니다. 어떻게 하면 무모한 실패를 줄일 것인가 균형을 찾게 되고, 경험을 통해 가능한 것과 불가능한 것의 경계를 깨닫기 시작하며 현실적 실용주의의 단계에 이르게 됩니다. 세 번째 단계부터는 본격적인 에너지 소진 상태가 시작됩니다. '권태와 상실감의 단계'로서 모든 것을 이룰 수 있을 것 같았던 패기는 사라지고, 자신의 성공 한계가 명확해집니다. 아무리 쉬어도 개운치 않고, 잠도 푹 잘 수 없습니다.

네 번째 단계는 '좌절과 우울의 단계'입니다. 이제 무언가를 새롭게 시도하기에는 너무 지쳐 있습니다. 사소한 일에도 피해 의식이 발동해서 짜증을 냅니다. 갈수록 말수가 줄어들고, 우울한 생각에 몰입하는 악순환이 반복됩니다. 그러면서 마지막 '에너지 소진 단계'가 옵니다. "이젠 더 이상 희망이 없다. 무감각한 삶에서 아무런 의미도 찾지 못한다"는 비관적인 생각만 자꾸 듭니다. 주위에서 누군가 도와준다고 해도 그 도움조차 피곤할 뿐입니다. 결국 죄책감과 절망으로 자포자기 상태에 이르게 됩니다. 정상적인 생활이 힘들어지고, 자살 충동에 시달립니다.

이것이 에너지 소진 진행 과정 5단계입니다. 누구나 도전하고 싶고 새로워지고 싶지만 이 시대를 살아가는 우리의 모습은 대부분 3단계나 4단계, 혹은 5단계에 와 있는 것 같습니다. 더 발전하고 풍요로워진 것 같은데 말입니다. 그래서 주님께서는 자신의 삶을 통해 우리에게 중요한 교훈을 보여 주십니다. 바로 "인생의 오아시스를 찾고 경험해야 한다는 것"입니다.

🌿 좀 가서 쉬어라

〈요한복음〉 4장에는 사마리아 수가성에 사는 여인이 등장합니다. 이 여인이 예수님을 만난 뒤 그녀를 통해 그 동네 전체가 주님께 돌아오는 이야기입니다. 이 이야기에 가려져 우리가 보지 못하는 한 장면이 있습니다. 이것을 주목해 보려고 합니다.

> [3]유대를 떠나사 다시 갈릴리로 가실새 [4]사마리아를 통과하여야 하겠는지라 [5]사마리아에 있는 수가라 하는 동네에 이르시니 야곱이 그 아들 요셉에게 준 땅이 가깝고 [6]거기 또 야곱의 우물이 있더라 예수께서 길 가시다가 피곤하여 우물 곁에 그대로 앉으시니 때가 여섯 시쯤 되었더라 _ 요 4:3~6

예수님도 피곤하셨고, 앉아서 쉬셨습니다. 성경에서 피곤하신 두 가지 이유를 발견할 수 있습니다. 첫 번째는 사람 때문입니다. 솔로몬 이후 북이스라엘과 남유다로 나라가 나뉘었고, 바벨론 포로기를 거치면서 남쪽 유다 사람들은 이방 민족과 뒤섞여 살게 된 북쪽 사마리아 사람들을 경멸했습니다. 사마리아 지역을 통과하는 것도 꺼려 일부러 멀리 돌아갔습니다. 상종하지 않겠다는 것입니다.

그런데 예수님께서는 사마리아로 가셨습니다. 예수님의 마음은 사마리아 여인을 만나 동네 전체를 전도할 큰 그림을 가지고 들어가신 것입니다. 거기를 들어갔을 때 사람들은 수군수군했습니다. 제자들도 "아니 도대체 왜 사마리아로 가시지?" 하면서 투덜거렸을 것입니다. 예수님은 하나님의 계획을 이루기 위해 큰 그림을 그리지만, 사람들은 이해하지 못하고 불평했습니다. 그런 사람들로 피곤해진 것입니다.

두 번째는 광야를 걸으셨기 때문입니다. 광야는 물이 없습니다. 사막은 매우 척박한 곳입니다. 앉아 쉴 수 있는 나무가 없습니다. 그래서 육체적으로 피곤하셨던 것입니다. 〈요한복음〉 4장은 피곤하신 주님께서 우물 곁에 앉아 쉬시는 장면을 보여 줍니다. 이 장면에서 우리에게 주시는 귀중한 교훈은 예수님도 피곤해서 쉬셨다는 것입니다. 오아이스에서 쉬셨습니다. 인생을 살며 육체적, 정신적으로 피곤해집니다. 그런 우리에게 인생의 오아시스가 필요합니다. 오아시스에서 쉴 줄 알아야 합니다.

사막을 건너다가 모래에 빠지면 타이어의 바람을 빼야 합니다. 접지 면을 넓혀야 빠져 나올 수 있습니다. 그처럼 우리도 인생을 살면서 힘을 뺄 필요가 있습니다. 쉼과 안식, 멈춤이 필요한 것입니다.

    사막을 건너다가 모래에 빠지면 타이어의 바람을 빼야 합니다. 접지면을 넓혀야 빠져 나올 수 있습니다. 그처럼 우리도 인생을 살면서 힘을 뺄 필요가 있습니다. 쉼과 안식, 멈춤이 필요한 것입니다. 〈마가복음〉에서 예수님도 제자들에게 좀 쉬라고 말씀하십니다.

> 이르시되 너희는 따로 한적한 곳에 가서 잠깐 쉬어라 하시니 이는 오고 가는 사람이 많아 음식 먹을 겨를도 없음이라 _ 막 6:31

    음식 먹을 겨를도 없었던 제자들에게 한적한 곳에서 쉬라고 하십니다. 바쁘게만 살지 말고 멈춤이 있어야 한다는 것입니다. 인간은 무엇인가 계속하려는 욕심이 많습니다. 뭔가를 하려는 그 마음을 주님은 아십니다. 그래서 아예 십계명을 통해 너희들이 힘을 빼고 멈출 줄 아는 시간이 필요하다고 말씀하셨습니다. 〈출애굽기〉 20장 8~11절은 이렇게 말합니다.

⁸안식일을 기억하여 거룩하게 지키라 ⁹엿새 동안은 힘써 네 모든 일을 행할 것이나 ¹⁰일곱째 날은 네 하나님 여호와의 안식일인즉 너나 네 아들이나 네 딸이나 네 남종이나 네 여종이나 네 가축이나 네 문안에 머무는 객이라도 아무 일도 하지 말라 ¹¹이는 엿새 동안에 나 여호와가 하늘과 땅과 바다와 그 가운데 모든 것을 만들고 일곱째 날에 쉬었음이라 그러므로 나 여호와가 안식일을 복되게 하여 그 날을 거룩하게 하였느니라

인생에 멈춤과 안식이 필요하다는 것을 말하고 있습니다. 인생의 오아시스로 나와야 한다는 것입니다. 욕심으로 질주하는 우리의 모습을 주님께서는 아십니다. 그래서 "멈춰야 한다"는 것입니다.

> 하나님이 그가 하시던 일을 일곱째 날에 마치시니 그가 하시던 모든 일을 그치고 일곱째 날에 안식하시니라 _ 창 2:2

하나님께서도 안식하셨습니다. 하나님께서는 우리가 이렇게 못하는 것을 아시기 때문에 본을 보이신 것입니다. 쉬지 못하는 것은 죄입니다.

쉬지 못하는 유혹에 가장 쉽게 빠지는 사람들이 누군지 아십니까? 바로 목사들입니다. 큰 교회 목사를 보면 쉬지 않고 일하다가 죽을 뻔한 상황들을 한 번 이상은 경험하셨습니다. 쉴 줄 모르기 때문입니다. 주시하는 사람이 너무 많습니다. 긴급한 일도 많습니다. 많은 사람이 목회자는 토요일에 설교 준비와 묵상 외에 아무것도 하지 말아야 한다고 이야기합니다. 그러나 자신의 일일 경우는 무조건 목회자를 찾습니다.

4년 전에 저도 한 번 쓰러졌습니다. 그때 '죽는 것이 이런 것이구나'

느꼈습니다. 가만히 제 삶을 살펴보니 나름대로 하나님 뜻과 원리를 따른다고 했지만, 그렇지 않았습니다. 더 과감히 위임했어야 했습니다. 짐 로허의 《몸과 에너지 발전소》라는 책을 통해 멈춤이라는 것이 얼마나 중요한 것인지를 배웠습니다. 하나님의 원리를 따르지 않고 내 열심으로 살았던 것을 깨닫게 되었습니다.

쉴새 없이 긴급한 일들을 쫓아다니면서 멈춤의 시간 없이 내가 뭔가를 하려고 했던 모습을 회개했습니다. 이후 모든 것을 하나님 앞에 내려놓고 하나님의 원리를 쫓아갔습니다. 그다음부터 하나님께서 저의 인생을 얼마나 더 멋지게 기름 부어 주셨는지 모릅니다.

☙ 딴짓하는 레오나르도 다빈치

그때 노완우 목사를 만났습니다. 저는 어지러움증, 저혈압, 지방간으로 늘 고생했습니다. 숙면을 하지 못했고 겨울에는 코가 막혀서 입으로 숨을 쉬었습니다. 그런데 노완우 목사를 만나고 하나님의 원리를 깨달을 수 있었습니다. 그가 가르쳐 주는 경침 운동을 한 달만 열심히 하면 인생이 새로워집니다. 정말 건강하게 됩니다.

하나님께서는 쓰러져 일상 생활을 하지 못할 때 나 자신이 누군지를 보여 주셨습니다. 내 욕심과 열심이 보였습니다. 저기에 안 가면 저 사람 시험들텐데, 이거 안 하면 이 사람 상처받을 텐데 하면서 쫓아다녔던 나를 발견하게 하셨습니다. 그리고 제 안을 풍성하게 해주시고, 기쁨과 감격과 행복이 무엇인지를 경험하게 하셨습니다.

나 자신이 하나님의 은혜를 경험할 때 성도들이 하나님의 은혜를 경험할 수 있는 것이었습니다. 내가 예배자가 될 때 성도들이 예배가 되는 것이고, 내가 행복할 때 성도들이 행복하게 되는 것이었습니다. 불행한 목사가 어떻게 행복을 이야기할 수 있고, 하나님의 은혜를 경험하지 않은 목사가 어떻게 하나님의 은혜를 설교할 수 있습니까? 예배자가 되지 않았는데 어떻게 예배자가 되라고 말할 수 있겠습니까? 그때 하나님께서 저의 인생을 완전히 다르게 만들어 주신 것입니다. 멈출 줄 알게 하셨습니다.

이후로 저는 하루에 한 번 이상은 휴대전화를 끄고, 완전히 멈추는 시간을 갖습니다. 그때 하나님의 은혜를 놀랍게 경험합니다. 기도하고 말씀에 더 집중하게 됩니다. 하나님께서 우리에게 말씀하시는 것은 긴장만 하는 것이 아니라 이완해야 한다는 것입니다 멈출 줄 알아야 된다는 것입니다. 바둑을 둘 때 자신보다 바둑을 못 두는 사람도 내가 보지 못하는 수를 이야기해 줍니다. 무엇엔가 집중하면 큰 것을 못 보기 때문입니다. 긴장하고 있으면 볼 수 있는 것도 못 봅니다.

벌레의 눈은 나무만 봅니다. 그러나 새의 눈은 숲을 봅니다. 집중하다 보면 나무만 보게 되는데, 뒤로 물러서서 멈추어 인생의 숲을 보는 경험이 꼭 필요합니다. 집중과 이완을 통해 숲과 나무를 볼 때 멋진 인생을 살아갈 수 있습니다. 그래서 인생은 시간 관리 이전에 에너지 관리입니다.

레오나르도 다빈치의 〈최후의 만찬〉은 복사본이 많기로 유명합니다. 이 그림은 밀라노의 한 수도원에 있는 벽화입니다. 그 벽화를 그릴 때 다빈치는 하나 그리고 난 다음, 한참 딴짓을 하고, 또 다시 조금 그리고 또 딴짓을 했습니다. 그 모습을 본 어떤 사람이 수도원장에게 고자질을 했습니다. 다빈치가 일을 제대로 하지 않고, 한참 딴짓하다가 그런다고 말입니다.

그런데 딴짓인 것 같지만 딴짓이 아니었습니다. 멈춤을 통해서 더 큰 구상을 하고, 멈춤을 통해서 하나님의 말씀을 더 깊이 연구했습니다. 그 그림 안에는 한 사람의 세미한 동작까지 표현되어 있습니다. 세계 최초로 원근법을 제대로 적용하였고 또한 최초로 움직임을 그렸습니다. "너희 중 하나가 나를 팔리라" 하는 말씀과 동시에 제자들의 동작을 그린 것입니다. 그래서 이 그림이 천재의 명작이라고 합니다. 아래는 다빈치의 글입니다.

> 가끔 떠나라.
> 떠나서 잠시 쉬어라.
> 그래야 다시 돌아와서 일할 때
> 더 분명한 판단을 내리게 될 것이다.
> 쉬지 않고 계속 일을 하다보면 판단력을
> 잃게 되리니
> 조금 멀리 떠나라.

그러면 하는 일이 좀 작게 보이고
전체가 한눈에 들어오면서
어디에 조화나 균형이 부족한지
더욱 자세하게 보일 것이다.

멈춰야 합니다. 뒤로 물러서야 합니다. 달려가기만 해서는 안 됩니다. 자동차에 브레이크가 없다면 그 자동차는 사람을 죽이는 무기가 됩니다. 배드민턴의 셔틀콕 최고 속도는 350km입니다. 만일 깃털이 없어서 멈추지 않는다면 살인 무기가 되어 게임을 할 수 없습니다. 멈춤, 안식, 내 일상의 모든 것들을 뒤로하고, 오아시스로 나오는 경험이 필요합니다.

🍃 진짜 피로 회복제

[28]수고하고 무거운 짐 진 자들아 다 내게로 오라 내가 너희를 쉬게 하리라 [29]나는 마음이 온유하고 겸손하니 나의 멍에를 메고 내게 배우라 그리하면 너희 마음이 쉼을 얻으리니 _ 마 11:28~29

우리의 인생에 진짜 쉼을 줄 수 있는 분, 회복을 줄 수 있는 분, 안식을 줄 수 있는 분은 예수님이십니다. 우리가 팔 벌리고 누워 있다고 회복되는 것이 아닙니다. 인생에서 우리를 피곤하게 만드는 것들은 얼마나 많습니까? 인간 관계, 사업, 가정 등 우리를 둘러싼 모든 환경 속에서 우리는 이리저리 휘둘리며 살아갑니다.

무엇이 이것으로부터 우리를 회복시킬 수 있을까요? 바로 예수 그리스도의 십자가입니다! 나의 모든 것을 아는 예수님의 십자가 앞에 그 모든 것을 내려놓을 때 주님의 피 묻은 손으로 우리의 마음을 만져 주십니다. 내 마음을 만질 수 있는 유일한 분은 예수님이십니다. 나를 아시기 때문입니다. 아무도 나를 모르지만 주님은 나를 알고 이해하십니다. 내 상처가 무엇인지 내 눈물과 아픔이 무엇인지, 왜 내 마음이 멍들었고 이렇게 시린지 주님만이 아십니다.

계속 기도하면서 제일 먼저 십자가를 바라보십시오. 삶의 어느 순간에도 십자가를 바라보며 내 삶을 멈출 수 있다면 그 십자가가 내 인생의 오아이스가 되어 내 인생이 다시 소성하는 삶을 살 수 있게 됩니다. 그래서 우리의 희망은 언제나 십자가입니다.

〈요한복음〉 4장에서 주님은 피곤한 사람들이 쉬는 우물에서 참 쉼을 가르치셨습니다. "다 내게로 오라! 내가 주는 물을 먹는 자마다 목마르지 아니하리라" 하고 주님이 말씀하십니다. 광야와 사막 같은 세상에서 육체적으로 정신적으로 피곤한 상태로 언제나 찌들어 있는 우리의 삶이지만 십자가, 오아시스로 나오면 주님께서 피 묻은 손으로 우리의 마음을 만지시고 회복시켜 치유하십니다. 그 하나님의 역사를 경험하라고 초대하는 것입니다.

수많은 사건과 상황 속에서, 어떤 때는 밤을 새하얗게 지새는 날이 있지만 우리 생각과 하던 일을 모두 멈추고 십자가 앞에 설 수만 있다면 주님이 우리를 회복시켜 치유하십니다. 그 하나님의 역사를 경험하는 우리가 되기를 바랍니다. 하나님께서는 여러분을 사랑하십니다.

✧ 우리들의 나침반

¹예수께서 제자를 삼고 세례를 베푸시는 것이 요한보다 많다 하는 말을 바리새인들이 들은 줄을 주께서 아신지라 ² (예수께서 친히 세례를 베푸신 것이 아니요 제자들이 베푼 것이라) ³유대를 떠나사 다시 갈릴리로 가실새 ⁴사마리아를 통과하여야 하겠는지라 ⁵사마리아에 있는 수가라 하는 동네에 이르시니 야곱이 그 아들 요셉에게 준 땅이 가깝고 ⁶거기 또 야곱의 우물이 있더라 예수께서 길 가시다가 피곤하여 우물 곁에 그대로 앉으시니 때가 여섯 시쯤 되었더라

_〈요한복음〉 4:1~6

찬양 듣기

212

#16

하나님의 은혜를
구하십시오

세계사는 두 갈래의 문화가 내려왔습니다. 유목 문화와 정착 문화입니다. 정착 문화는 곧 농경 문화입니다. 이 농경 문화에서 중요한 것은 공간입니다. 농사를 지어야 하기 때문입니다. 이 문화 안에서 바벨탑과 피라미드가 나왔습니다. 그러나 유목 문화에서 중요한 것은 공간이 아니라 시간입니다. 계절과 하루, 때가 중요합니다. 그래서 성경에는 때에 관한 이야기가 많이 등장하고 시간에 관한 강조가 많습니다.

　정착 문화에서는 소유가 중요합니다. 땅이 필요하기 때문입니다. 그러나 유목 문화는 소유가 중요하지 않습니다. 소유하는 것이 많아질수록 문제가 생깁니다. 계속 이동해야 하기 때문입니다. 정착 문화는 왕을 중심으로한 중앙 집권 체제를 만듭니다. 그러나 유목 문화는 민주적입니다. 종속적인 것보다 소통과 평등을 강조합니다. 농경 문화는 폐쇄적입니다. 땅에 금을 긋고 담을 쌓은 다음, "이것은 내 거야!" 합니다. 그러나 유목 문화는 개방적입니다. 누구에게나 열려 있습니다.

농경 문화는 인간의 힘으로 자연의 한계를 조금이나마 극복하려고 합니다. 댐을 만들고 저수지를 만듭니다. 그래서 사람의 지혜와 지식으로 어려운 것들을 극복할 수 있다고 생각합니다. 이런 생각에서 인본주의와 무신론이 등장하게 됩니다. 그러나 유목 문화는 자연 앞에서 인간의 무력을 인정합니다. 하나님의 존재를 더 생각하고 갈망합니다.

모세 이야기를 생각해 보십시오. 모세는 인생 전반부 40년을 농경 문화에서 자랐습니다. 당시 고대 근동 패권을 쥐었던 강력한 애굽에서 고등 교육을 받았습니다. 많은 지혜와 지식을 배우고 모든 문화를 통달했습니다. 지위와 힘도 있었습니다. 그런데 자기 힘으로 할 수 있다고 생각할 때 실패하고 도망자가 됐습니다. 그리고 광야에서 40년을 보냅니다. 광야 기간 동안 자기가 얼마나 무력한 존재인지, 그 지혜와 지식, 힘과 권력이 아무것도 아님을 깨닫게 됩니다. 그것을 깨닫는데 무려 40년이 걸린 것입니다. 이것이 인간입니다. 깨닫는 거 같으면서 못 깨닫고, 깨닫는 거 같으면서 또 못 깨닫습니다.

마침내 그는 광야 40년이라는 학교를 통해 하나님만을 갈망하고 바라보게 됩니다. 내 생각과 지혜가 아닌 하나님의 음성에 집중하게 됩니다. 하나님의 은혜를 구하는 인생으로 바뀐 것입니다. 그때 하나님은 그를 택하셔서 이스라엘 백성을 애굽에서 가나안으로 인도하는 민족의 영도자로 세우십니다.

🌰 기독교가 다른 이유

이 땅에서 하나님의 역사와 기적을 경험하기 위해서는 하나님의 은혜를 구할 줄 알아야 합니다. 광야와 사막에서 느낀 것은 "정말 여기는 못 살 곳이구나"였습니다. 목마르고, 뜨겁고, 춥습니다. 먹을 것도 없습니다. 우리 삶의 현장도 마찬가지입니다. 참 힘듭니다. 때문에 우리가 하나님의 은혜를 구하는 자가 돼야 합니다. 하나님의 은혜가 아니면 우리는 아무것도 할 수 없습니다. 하나님의 능력과 지혜에 비하면 우리가 가진 것은 아무것도 아닙니다.

이 광야와 사막 같은 인생은 내 힘과 지혜로 사는 것이 아닙니다. 하나님의 은혜를 구하는 인생이 되어야 합니다. 이 땅에 물과 불, 공기가 없다고 상상해 보십시오. 너무 춥고 너무 덥다고 생각해 보십시오. 살 수 없습니다. 가만히 보면 우리의 호흡 자체가 하나님의 은혜입니다.

> 8너희는 그 은혜에 의하여 믿음으로 말미암아 구원을 받았으니 이것은 너희에게서 난 것이 아니요 하나님의 선물이라 9행위에서 난 것이 아니니 이는 누구든지 자랑하지 못하게 함이라 _ 엡 2:8~9

우리가 받은 구원은 하나님의 전적인 은혜입니다. 세상의 종교와 기독교의 가장 큰 차이점이 바로 '은혜'입니다. 세상의 다른 종교는 다 나의 노력을 강조합니다. 내 노력으로 열심히 수행과 고행하여 무엇인가를 이루는 것입니다. 생각해 보십시오. 다른 어떤 종교의 절대자가 '은혜'란 단어를 사용했습니까? '사랑'이란 단어를 사용했습니까? 그런데 기독교만이 하나님의 은혜를 이야기합니다. 죄로 말미암아 내일이 없던 우리 인생이었습니다. 내가 노력하고 애써 고행해도 해결할 수 없는 것이 죄입니다. 십자가 보혈만이 우리의 죄를 해결하고 우리를 구원할 수 있습니다. 그것이 하나님께서 거저 주신 은혜입니다. 하나님을 생각할 때 제일 먼저 기억해야 할 것은 사랑의 하나님, 은혜의 하나님입니다.

교회에 와서 내 열심, 내 노력으로 하려고 하면 안 됩니다. 하나님의 은혜를 알지 못하면 우리가 하는 모든 것은 허무한 것입니다. 내 열심으로 하는 것들은 소용없습니다. 하나님의 은혜가 무엇인지를 바로 깨닫고, 그 은혜를 붙잡을 때 우리 삶 속에서 하나님이 누구신지를 알게 됩니다. 이 은혜를 제대로 깨닫지 못하면, 하나님을 오해합니다. 하나님은 우리를 정말 사랑하시는 은혜의 하나님이십니다. 우리 삶 속에 사랑이 뭔지, 기쁨이 뭔지, 행복이 뭔지를 가르쳐 주기 원하는 하나님이십니다.

하나님의 은혜를 깨닫지 못하면 우리 안에는 비판적 에너지가 충만하게 됩니다. 은혜 없이 내 열심으로 하다가 "난 열심히 하는데 저 사람은 왜 안 해? 난 이렇게 하는데 저 사람은 왜 저래?" 하면서 계속 비판합니다. 은혜가 없이 내 열심과 노력으로 율법적인 신앙생활을 하기 때문입니다. 바리새인들이 대표적인 예입니다. 종교적으로 바리새인처럼 열심이었던 사람들이 없었습니다. 그런데 그들의 열심은 다른 사람들을 향한 비판으로 바뀌었습니다. 하나님의 은혜를 모르면 내 에너지는 비판하는 에너지가 되는 것입니다.

하나님의 은혜를 경험하지 못하고 내 힘과 능력으로 하다 보면 그 일이 성취되었을 경우 교만하게 되고, 또 반대로 실패하고 넘어지면 열등의식이 생깁니다. 내 힘으로 하면 교만하든지 열등의식으로 가득 차든지 둘 중 하나입니다. 내 힘으로 하면 불평하게 되고, 쉽게 넘어져 도전하지 못하게 됩니다. 그러나 하나님의 은혜가 무엇인지를 알면 하나님이 누구신지 경험할 뿐만 아니라 비판적 에너지가 줄어듭니다. 긍휼의 마음으로 사랑하는 마음으로 용서하고 용납하는 마음이 됩니다.

그래서 '용서'와 '용납'이 중요한 영성입니다. 용서와 용납은 내 힘으로 되는 것이 아닙니다. 그런데 하나님의 은혜를 경험하면 다 품어 줄 수 있습니다. 기쁨과 감사가 충만하게 됩니다.

그래서 '용서'와 '용납'이 중요한 영성입니다. 용서와 용납은 내 힘으로 되는 것이 아닙니다. 그런데 하나님의 은혜를 경험하면 다 품어 줄 수 있습니다. 교만하지 않고 겸손하게 됩니다. 열등의식을 벗어나 건강한 자화상을 갖고 인생을 살게 됩니다. 설사 넘어진다 할지라도 아무 문제 되지 않습니다. 나에게 은혜를 주시고 일으켜 주시는 하나님이 계시기 때문입니다. 우리가 바라봐야 할 것은 하나님의 은혜입니다.

🍃 사도 바울이 타고 간 배는

사도 바울의 이야기를 기억하실 것입니다. 예수님을 만나기 전과 후의 인생이 완전히 다릅니다. 예수님을 만나기 전 그는 다음과 같은 모습이었습니다.

존경받을 만한 가문에서 태어났습니다. 종교적인 사람이었습니다. 이 구절 속에 '열심'이란 단어가 나오는데 열심으로 교회를 박해하고 율법으로 흠이 없는 자였다고 합니다. 자기 열심을 살았다는 것입니다

나는 유대인으로 길리기아 다소에서 났고 이 성에서 자라 가말리엘의 문하에서 우리 조상들의 율법의 엄한 교훈을 받았고 오늘 너희 모든 사람처럼 하나님께 대하여 열심이 있는 자라 _ 행 22:3

길리기아 다소는 로마의 카이사르와 프톨레마이오스 왕조의 마지막 왕이었던 클레오파트라가 만나 데이트하던 곳입니다. 매력적인 곳으로 로마의 대표 도시이기도 했습니다. 여기서 태어났다는 것은 로마 시민권자임을 의미합니다. 가말리엘의 문하는 당대 최고의 석학들이 공부하던 곳입니다. 바울 자신도 최고의 학문을 배웠다고 이야기하는 것입니다. 그리고 "하나님께 대하여 열심이 있는 자"라 합니다. 그런데 그 열심은 자기 열심이었습니다.

갈등하는 교회들을 보면, 자신의 열심으로 충만한 사람들이 있습니다. 다른 사람을 인정하지 못합니다. 사도 바울도 예수님을 만나기 전 하나님을 향한 종교적인 자기 열심이 있었습니다. 그래서 예수 믿는 사

람들을 박해했던 것입니다. 그런데 예수님을 만난 후 변했습니다.

> [9]나는 사도 중에 가장 작은 자라 나는 하나님의 교회를 박해하였으므로 사도라 칭함 받기를 감당하지 못할 자니라 [10]그러나 내가 나 된 것은 하나님의 은혜로 된 것이니 내게 주신 그의 은혜가 헛되지 아니하여 내가 모든 사도보다 더 많이 수고하였으나 내가 한 것이 아니요 오직 나와 함께하신 하나님의 은혜로라
>
> _ 고전 15:9~10

모든 것이 하나님의 은혜라고 고백합니다. 여기까지 나의 인생이 만들어진 것은 다 하나님의 은혜라는 것입니다. 우리 삶 속에서 정말 중요한 것은, 내 지혜와 능력, 내 지위와 권력, 내가 가진 어떤 것이 아니라 하나님의 은혜를 구할 줄 아는 것입니다.

자기 열심일 때 사도 바울은 사람을 죽이고 비판하는 자리에 있었습니다. 하지만 하나님의 은혜를 경험하고 난 뒤, 오히려 자신이 감옥에 갇힙니다. 유럽까지 복음을 들고 가 전하며 온 세상을 새롭게 만드는 하나님의 사람이 되었습니다. 토인비는 유럽에 큰 영향력을 준 사도 바울의 업적을 이렇게 표현합니다. "사도 바울이 타고 간 배는 유럽을 싣고 간 배였다."

🍃 사막에서 정말 구해야 할 것

겸손히 하나님의 은혜를 구할 때 내 힘과 능력, 내 열심이 아닌 하나님

의 은혜로 인생을 살아갑니다. 바울의 고백처럼 내게 능력 주시는 자 안에서 살아갑니다. "주님께서 내게 능력 주셔서 내가 모든 것을 할 수 있습니다"라고 고백하게 되는 것입니다.

우리가 광야와 사막 같은 인생을 살면서 정말 구해야 할 것은 다른 것이 아니라 하나님의 은혜입니다. 성경은 하나님의 은혜를 구한 자에게 하나님께서 어떻게 역사하셨는지를 보여 주고 있습니다.

여호와는 나의 목자시니 내게 부족함이 없으리로다 _ 시 23:1

다윗은 똑똑한 사람이었습니다. 당당하고 용모까지 빼어났습니다. 그런 그가 하나님을 목자로 고백합니다. 그 고백은 내가 가진 것으로 살지 않고 하나님의 은혜로 산다는 것입니다. 다윗은 광야와 사막 같은 곳에서 푸른 풀밭, 쉴 만한 물가로 인도하시는 하나님을 만났습니다. 사망의 음침한 골짜기를 다닐지라도 해를 두려워하지 않는 것도 주께서 함께하시기 때문입니다. 나는 능력이 없음을 고백하고 하나님의 은혜를 믿는 것입니다. 우리가 구해야 할 최우선의 것은 '하나님의 은혜'입니다.

[1]예수께서 무리를 보시고 산에 올라가 앉으시니 제자들이 나아온지라 [2]입을 열어 가르쳐 이르시되 [3]심령이 가난한 자는 복이 있나니 천국이 그들의 것임이요 _ 마 5:1~3

산상수훈은 〈마태복음〉 5~7장까지 이어집니다. 예수님이 하신 말씀과 설교 중에 아주 보배로운 말씀입니다. 산상수훈 처음에 팔복이 나오는데 그중에서도 가장 첫 번째 말씀이 "심령이 가난한 자는 복이 있나니 천국이 그들의 것임이요"입니다. 심령이 가난하다는 말은 나의 힘, 나의 능력을 믿는 것이 아니라 모든 것을 하나님 앞에 다 내려놓는 것을 말합니다

사람들은 나의 힘으로, 내 열심으로 할 수 있다는 착각 속에 삽니다. 예를 들면, 자기 계발서에서 배운 대로 새벽형 인간이 되겠다며 이를 악물고 삽니다. 그러나 그럴수록 인생은 더 피곤하고 힘들어집니다. 열심히 하지만 실패하고 좌절하는 인생을 살게 됩니다.

그런데 "주님 다 내려놓습니다. 가난한 마음으로 주님 앞에 섭니다. 내 마음을 하나님의 은혜로 채울 수 있도록 내 안의 모든 것들 털어 냅니다" 하면 주님은 그 자리에서 천국이 무엇인지를 경험하도록 만드십니다.

이 책 《광야와 사막을 건너는 사람》을 마치면서 마지막으로 강조하고 싶은 것은 "하나님의 은혜를 구하라"는 것입니다. 우리 스스로 너무 주먹을 쥐고 있습니다. 내 생각으로 가득 차 있습니다. 내 열심으로 내 노력으로 내가 가진 것으로 애씁니다. 그러면 안 됩니다. 하나님의 은혜를 구하는 자가 될 때 하나님의 기적이 무엇인지, 하나님의 능력이 무엇인지, 삶의 기쁨과 행복이 무엇인지를 경험할 수 있습니다. 나의 힘으로 산다면 그 인생길은 피곤하고, 힘들고, 좌절하고, 낙망하고, 상처받습니다. 그 인생은 강퍅한 인생이 됩니다. 우리가 하나님의 은혜를 구해야 하는 이유가 바로 여기에 있습니다.

이 책 《광야와 사막을 건너는 사람》을 마치면서 마지막으로 강조하고 싶은 것은 "하나님의 은혜를 구하라"는 것입니다. 그럴 때 하나님의 기적과 능력, 삶의 기쁨과 행복이 무엇인지를 경험할 수 있습니다.

에덴동산이 에덴동산일 수 있었던 것은 동산 안에 강이 있었기 때문입니다. 에덴에는 네 개의 강이 흘렀습니다. 광야와 사막을 걷는 인생을 살고 있지만 그 땅에 은혜의 강물이 흐를 수 있다면 그곳이 에덴동산이고 천국입니다. 꽃이 피고 열매가 맺힙니다. 아무것도 없는 사막에 비가 오면 어디서 나왔는지 나무들이 자라나는 것처럼 말입니다.

인생의 뒤를 돌아볼 때 저 또한 모든 것이 하나님의 은혜였습니다. 나 같은 것을 구원하셨을 뿐만 아니라 영광스러운 하나님의 사역에 초청하여 불러 주셨습니다. 몇 년 전 정상적인 생활을 할 수 없을 정도로 아프면서 왜 안식이 필요하고 쉼이 필요한지, 인생의 멈춤이 필요한지를 알았습니다. 하나님의 은혜를 구하기보다 열심으로 하던 저의 모습을 깨닫고 다시 하나님의 은혜를 구하기 시작했습니다. "저는 아무것도 할 수 없습니다. 뒤를 돌아보니 다 하나님의 은혜였습니다"라고 고백하게 됐습니다. 사실 가만히 보면, 기질로 보나 능력으로 보나 목사가 될 수 있는 사람이 아닙니다. 부족한 것이 많습니다. 그런데 하나님의 은혜로 여기까지 오게 하셨습니다.

뒤를 돌아보면 넘어져 일어설 수 없는 수많은 상황이 있었습니다. 좌절하는 순간도 있었습니다. 아무도 이해해 주지 않는 고독과 외로움 속에서 혼자 허덕일 때도 있었습니다. 그러나 나를 일으켜 세워 여기까지 오도록 만드신 분이 바로 은혜의 하나님이셨습니다. 그분이 세심한 손

길로 인도하신 것입니다.

　하나님께서 저의 인생을 얼마나 멋지게 만들어 주셨는지 모릅니다. 넘어졌을 때 다시 일으켜 새로운 희망과 소망을 갖도록 만드셨습니다. 마음이 갈기갈기 찢어졌는데, 하나님께서는 그것을 다 꿰매시고, 만져 치유하셨습니다. 다 하나님의 은혜였습니다.

> 나를 지으신 이가 하나님, 나를 부르신 이가 하나님.
> 나를 보내신 이도 하나님, 나의 나 된 것은 하나님의 은혜라.
> 나의 달려갈 길 다 가도록, 나의 마지막 호흡 다 하도록,
> 나로 그 십자가 품게 하시니, 나의 나 된 것은 하나님의 은혜라.
> 한량 없는 은혜, 갚을 길 없는 은혜. 내 삶을 에워싸는 하나님의 은혜.
> 나 주저함 없이 그 땅을 밟음도, 나를 붙드시는 하나님의 은혜.

　하나님의 은혜입니다. 나의 마음을 만져 주신 하나님의 은혜! 내 손을 붙잡아 주시는 하나님의 은혜! 다시 나를 일으켜 주시는 하나님의 은혜! 다시 도전할 수 있도록 만들어 주시는 하나님의 은혜! 모든 사람이 다 절망이라고 이야기할 때 새로운 희망을 보여 주시는 하나님의 은혜! 내 발자국마다에 빛을 비춰 주시는 하나님의 은혜! 이 하나님의 은혜만을 구하며, 인생을 주님 안에서 멋지게 세우는 하나님의 사람이 되기를 소망합니다.

✦ 우리들의 나침반

⁹나는 사도 중에 가장 작은 자라 나는 하나님의 교회를 박해하였으므로 사도라 칭함 받기를 감당하지 못할 자니라 ¹⁰그러나 내가 나 된 것은 하나님의 은혜로 된 것이니 내게 주신 그의 은혜가 헛되지 아니하여 내가 모든 사도보다 더 많이 수고하였으나 내가 한 것이 아니요 오직 나와 함께하신 하나님의 은혜로라 ¹¹그러므로 나나 그들이나 이같이 전파하매 너희도 이같이 믿었느니라

_ 〈고린도전서〉 15:9~11

찬양 듣기